산업관광

INDUSTRIAL TOURISM

박현지 · 조영삼 공저

홍릉과학출판사

머리말

오늘날 산업의 서비스화 경향으로 인하여 서비스업 중심으로 산업구조가 변화되고 전통적인 제조업에서도 서비스를 통한 차별화 경영이 요구되고 있다. 산업의 성장방향이 제조업의 서비스화 변화되는 이 시점에서 본 교재는 산업관광에 대한 전반적인 사항을 정리하여 관광관련분야 학과의 교재로 사용할 수 있도록 하였으며, 크게 5장으로 구성하였다.

먼저 제1장은 산업관광의 개요로서 산업관광의 개념과 특징에 대한 내용으로 다루고 있다.

제2장은 산업관광의 현황으로서 국내산업관광의 동향과 관련사례, 구미주, 중국, 일본 등의 산업관광의 현황과 사례들을 다루고 있다.

제3장은 산학협력의 사례로서 산학협력에 대한 개념 및 현황, 산학협력의 사례, 각 나라별 산학협력의 운영현황에 대한 내용을 다루고 있다.

제4장은 산학협력 활성화를 위한 산업관광방안으로서 산학협력활성화 방안 및 중소기업의 산학협력 활성화 방안에 대한 내용을 다루고 있다.

제5장은 산업발전을 위한 산업관광방안으로서 산업관광의 발전전략에 대한 내용을 다루고 있다.

본 교재는 독자들에게 산업관광 및 관련사례들을 통하여 산업관광을 폭넓게 이해하고자 하는 차원에서 저술하였다. 따라서 산업관광에 대한 학문적으로 보다 심도있게 이해하고 이를 응용하는데 작으나마 도움이 되기를 바라는 마음이다.

끝으로, 본서가 출판되기까지 헌신적인 노력과 도움을 주신 유엠지인포 조영삼 이사님, 박상훈 박사, U관광컨벤션연구소 김영하 연구원, 그리고 출판을 허락해주신 홍릉과학출판사에 감사를 드린다.

2011년 12월

저자

차례

표 차례

그림 차례

제1장 산업관광의 개요

1. 관광의 정의

관광의 어원을 보면, 신라 말기 학자 최치원의 시문집 계원필경(桂苑筆耕)속의 한 구절에는 "人百己千之觀光六年銘尾"(인백기천지관광육년명방미: 남이 백번하면 나는 천번하여 관광 6년만에 과거급제자 명단에 오르게 되었다) 라는 말이 기록되어 있다(위상배, 2000).

여기서 "觀光"이란 '과거 시험 준비' 라는 뜻으로도 사용된 바(이에 대해서는 심승구, 2007). "觀光六年" 이란 '중국에 가서 과거시험 준비를 한지 6년' 이란 뜻으로 해석 할수 있다.

고려시대 이후 고려사절요(高麗史節要)에는 고려 예종 11년(1115년)에 중국 송나라 임금이 고려 사신에게 "관광상국 진파숙습"(觀光上國 盡杷宿習); 우리나라를 관광하여 구습을 전부 버리도록 하고…) 이라고 기록이 되어 있다.

조선시대에는 관광이라는 용어가 지식사회에서 아주 일반화된 용어로 자리를 잡았다.

조선 건국 직후인 태조 5년(1396년)에 도읍을 지금의 서울인 한성으로 옮기면서 정도전, 조준 등은 신도읍지의 지명을 정하였다. 서울 북부에 지금의 동(洞)에 해당되는 10개의 방을 설치하면서, 그 중 한방의 명칭을 '觀光'으로 정하기도 하였다.

그 외에도 세종, 세조, 성종, 연산군, 중종 등 조선조 초기부터 중엽에 걸쳐 기술된 왕조실록에는 '관광' 이라는 용어가 빈번히 사용되었음을 알 수 있다.

서구의 경우, 18세기 영국의 귀족 자제들이 일종의 통과의례로 유럽대륙을 몇 년에 걸쳐 수학여행 하였고, 그것을 두고 '그랜드 투어'(grand tour)라 불렀다.

그리하여 '투어리스트(tourist)'라는 용어가 서기 1800년에 등장하였으며, 투어리즘(tourism)이라는 용어는 서기 1811년에 최초로 등장했다고 옥스퍼드 영어사전(Oxford English Dictionary)에서는 밝히고 있다.

서양에서 관광이 오늘날과 같은 의미의 '투어리즘(tourism)이란 용어로 정착된 것은 교통수단의 눈부신 발달로 대륙 간 인적여행이 빈번해진 19세기, 특히 기선을 이용한 정기항로가 개설된 19세기 중반부터였다고 전해온다.

역사적 의미를 비교해 보면, 서구의 'tour'란 용어는 본래 의미가 '돌아다니다가 온다', '순회한다'라는 내용을 강조하였던 반면, 동양 한자문화권에서 관광의 의미는 '선진지역의 제도나 문물을 보고 배우고 깨우친다' 라는 뜻으로 쓰였다.

서양의 용어는 '행위'를 강조하고 동양의 용어는 '교육적' 지각을 강조하고 있었다는 점이 초기 동서양 관광개념의 차이점으로 볼 수 있다.

오늘날 관광을 생각할 때, 먼저 구경이나 친지방문, 휴가, 즐거운 시간 등을 위해 특정 지역을 방문하는 것을 떠올린다. 이들은 여가시간에 다양한 스포츠, 일광욕, 노래 부르기, 놀이시설이용, 투어, 독서, 단순한 경관 즐기기를 한다.

좀 더 범위를 확대해보면, 전문가의 안내를 받으며 학습투어를 하는 사람, 과학적 조사연구자, 국제회의 참가자, 사업과 관련된 전문적 활동 참가자 등이 포함될 수 있다.

세계관광기구(WTO)는 관광을 여가, 사업, 그리고 기타목적으로 1년 미만의 기간 동안 비일상적인 곳에서 여행하고 체재하는 사람들의 활동으로 정의하고 있으며, 관광의 연구자별 정의를 보면 <표 I-1>과 같다.

<표 I-1> 관광의 학자별 정의

연구자	정의
Schulern, 1991	일정한 지역·주도는 나라에 들어가 체재하고, 그리고 다시 돌아가는 외래객의 유입·체재 및 유출이라는 형태를 취하는 모든 현상과, 그 현상에 직접 관련된 모든 사상, 그 가운데서도 특히 경제적인 사상을 나타내는 개념
Bormann, 1931	직장에의 통근과 같이 정기적 왕래를 제외하고 휴양의 목적이나 유람, 상용 또는 특수한 행사의 참여나 기타의 사정 등에 의하여 정주지역에서 일시적으로 떠나는 여행
Oglvie, 1933	귀환할 의사를 가지고 일시적으로 거주지를 더나 1년 이상을 초과하지 않고 여행중 소비하는 금전은 거주지에서 취득했을 때
Gluksmann, 1935	관광은 체재지에 일시적으로 체재하고 있는 사람과 그 지역의 주민과 사이의 제관계의 총체
J. Medecin1966	관광이란 사람이 기분을 전환하고, 휴식을 취하며, 도한 인간 활동의 새로운 여러 국면이나 미지의 자연경관에 접촉함으로써 그 경험과 교양을 넓히기 위하여 여행을 한다던가, 거주지를 떠나 체재하는 등의 일로 이루어지는 여가활동의 하나
Mclnttosh, Goeldner, Ritchie	관광객들과 기타방문객들을 유치하고 접대하는 과정에서 발생하는 현상과 관계들의 총체
쓰다노보루	사람들이 일상 생활권을 벗어나서 다시 돌아올 목적으로 타국 및 타지의 문물, 제도 등을 시찰 내지 경관을 관상, 유람할 목적으로 여행하는 것
김진섭(1978)	개인의 자유 시간 가운데서 생활의 변화를 추구하는 인간의 기본적 욕구를 충족하기 위한 행위 중 일상생활로부터 떠나 다른 자연, 문화 등의 환경 아래서 행하려고 하는 일련의 행동
박석희	자유재량시간을 자기의사대로 활용하는 여가의 한 형태로, 돌아올 예정으로 일상영역을 벗어나서 견문을 넓히고, 에너지를 보충하며, 완전성을 추구하고, 즐거움을 누리는 일련의 행동과 이러한 행동으로 인해 발생되는 경제·사회·문화적 현상의 총체
동남레저산업연구소	개인이 다시 돌아올 목적으로 거주지를 떠나 다른 나라, 다른 지역의 관광대상을 통해 보고, 듣고, 배우고, 즐기는 여가활동의 한 형태

자료: 선행연구를 기초로 하여 저자 작성

2. 산업관광의 정의

1) 산업관광의 개념

오늘날 지역 활성화 전략에서 거의 공통적으로 강조되는 요소가 관광산업의 진흥이다. 일반적으로 관광사업은 자연이나 역사적 유적을 기초로 하지만, 이것이 빈약한 경우, 오락산업이나 동물원, 유원지, 공원 등을 유치하여 관광객을 끌어 들인다. 이런 관광산업은 막대한 투자비가 필요하고, 경기변동에 민감하다.

관광산업이 보여주기 위한 것이라면, 산업관광 개념은 지역의 생산에 초점을 맞추고 있다. 이는 지역사회에 뿌리내리고 있는 산업을 진흥하고, 지역자원과 밀착된 산업이 결과적으로 관광자원으로 이어지는 것이다.

산업관광은 생활밀착형 관광으로 농업이나 수공업 등을 특화시켜 이를 관광과 연결시키는 것으로, 대규모 관광객 수요창출은 어렵지만, 경기변동에 영향을 별로 받지 않아 안정적이다.

산업관광의 핵심은 다른 지역과의 차별성에 있으며, 지역의 특성을 살려 독특한 산업을 육성해야 하는 것이다. 산업관광은 최종생산물을 판매하는 것이 아니라 체험을 판매한다. 직접 보고, 체험하며, 최종 생산물까지 구매하도록 유도하는 것이다.

국가별 관점에서 볼 때, 중국의 산업관광은 공장, 기업, 회사, 건축공사 현장 등을 관광객체로 도시산업과 관광사업의 촉진하는 활동이다. 일본의 산업관광은 산업 활동과 역사를 관광관점에서 접근하는 것으로 가치·의미·재미를 통해 지적 호기심을 채우고 인적교류를 촉진하는 관광형태이다. 구미주의 산업관광은 소비자들이 생산설비와 과정을 방문하고 견학하면서 체험할 수 있는 관광형태이다.

국제관광이 복·융합 추세에 경쟁이 심화되는 상황이므로 산업관광은 새로운 관광잠재력이 있다. 국내관광의 복·융합 추세는 1980년대 농촌관광에서 시작되어 1990년대에는 회의관광과 한류를 중심으로 한 문화관광,

2000년대에는 의료관광에 이어 최근의 한식세계화와 연동된 음식관광으로 발전되어 오고 있다.

기존의 지역정체성은 당해 지역이 보유하고 있는 자연 및 인문자원에 의존하여 왔으나 세계적인 추세는 지역 소재의 기업과 지역사회간의 복·융합화 시너지 효과를 통해 나타남을 주목해야 한다. 또한 산업관광은 신관광자원의 개념도입 및 인프라 개발을 통하여 고부가가치형 신관광수요(비즈니스+ 관광)를 창출하고 이에 따른 고용창출의 잠재성을 보유하고 있다.

산업관광이란 1·2·3차 산업의 과거와 현재, 미래를 주제로 한 현장을 중심으로 관광을 하는 행위로써 참여기업과 당해 지역에 부가적인 경제효과가 예상되는 관광현상이다.

이러한 산업관광은 효율성 추구정책, 브랜드 제고 정책, 경쟁대응 정책, 관광객 유치증대 정책, 지역균형 정책, 관광콘텐츠 강화 정책으로써 필요성과 목적이 있다. 21세기 세계적인 트랜드인 사회분야 복융합 추세에 부응하여 관광과 산업을 접목시킨 산업관광 활성화를 추진한 효율성 추구정책을 펼치고 있다.

산업관광의 시원은 세계 최초의 바람회인 1851년 런던 박람회까지 거슬러 올라간다. 산업 관광은 산업기술 발달을 관광자가 산업현장에서 체험하는 것이라고 할 수 있다. 산업관광이 보편화되는 계기는 1950년대, 프랑스에서 자국의 수출을 진흥하고 산업을 적극적으로 홍보할 목적으로 외국인들을 대상으로 관련시설 시찰을 허용한 데서 비롯된다(고상동, 1988). 자연관광, 역사문화체험관광과 더불어 산업관광은 중요한 관광형태 중 하나로 인식되어 왔다. 그 역사가 비교적 오래 되었음에도 불구하고 산업관광에 대한 명확한 개념 정의는 이루어지지 않고 있다.

산업관광이 발달한 일본에서의 정의를 살펴보면 산업관광이란 역사적, 문화적 가치가 높은 산업유산이나 조업 중인 공장, 공방 등을 관광자원으로 하여 이들을 개입시켜 물건 만들기의 원점에서 접목한 인적교류를 추진하는 관광형태를 말한다.

근래 일본에서는 산업관광을 신관광의 개념에 맞추어 새롭게 재편하고자 하는 경향이 있다. 일본의 학자들과 일본 정부에서 채용하고 있는 산업관광의 개념을 살펴보면 다음과 같다. 산업관광은 역사적 문화적 가치가 있는 산업 유산(기계기구, 공장유구 등)과 생산현장(공장 · 공방 등), 산업제품 등을 관광자원으로 보고 인적교류를 도모하는 산업 활동으로 보고, 산업관광을 통한 학습과 교류를 강조하고 있다.

또한 산업관광은 전통적 · 근대적인 제조업에 연계된 생산시설 · 설비 · 기술 · 제품을 대상으로 하는 관광으로 출발 · 발전하였고, 이후 산업의 고도화 · 기술혁신의 물결에서 노후화 · 진부화가 부득이하게 이루어진 광공업 생산시설 · 설비 · 기술(산업유산)이 대상으로 포함된 관광으로 설명하고 있다.

최근의 산업 관광의 추진은 '90년대 후반 이후에 보다 체계적이고 경쟁적으로 강화하는 움직임을 보이는 것으로 보여진다. 산업관광에 대해 연구한 Frew(2000)에 따르면 산업관광은 관광지가 아닌 산업지역에 관광객들이 방문한다는 것을 기본으로 하여 산업의 자동화 정도, 제조공정을 볼 수 있느냐 정도(유형성), 방문객이 개입할 수 있는 정도(체험가능성), 제품과 서비스를 판매하면서 제한된 현장접근만을 허용하는 관광 등의 4가지 차원을 통해 그 특징을 파악할 수 있다고 설명하고 있다.

일본의 경우 본 연구과정에서 확인한 범위 내에서 살펴보면 산업관광과 관련된 가장 많은 연구들이 이루어진 나라로 대표적인 관광학대사전에서는 수동적인 관광자원이 아닌 능동적 형태의 관광이라는 점에 관점을 두고 있는 것으로 나타났다. 또한 견학·체험·학습 이라는 체험성을 강조하고 있다. 또한 지역별로 차이가 있으며 산업문화재적인 시설을 체험할 수 있는 역사 및 문화 체험의 공간으로 산업관광 공간을 정의하고 있다.

특히 다른 나라 사례에서는 찾아볼 수 없었던 산업관광 추진협의회를 구성, 산업관광에 대한 정의로 "역사적이고 문화적인 가치가 있는 산업문화재, 생산공장 및 산업제품, 콘텐츠 등의 소프트자원 등을 관광자원으로 하는 새로운 관광형태로서 이들의 가치, 의미 및 재미를 알게 됨으로써 인적교류를 촉진하는 관광" 이라는 의미로 사용하고 있다. 또한 중국의 경우 우리나라와 유사하게 공장 및 기업 등의 제조업과 같은 분야의 산업을 시찰하고 발전을 촉진하는 활동으로 정의하고 있다.

산업관광은 이미 오래전부터 이루어졌음에도 불구하고 관광분야에서 산업관광에 대한 연구는 그 개념적 정의를 찾아보기가 힘들 정도로 매우 미진하다. 이러한 이유는 다음과 같이 유추해 볼 수 있다.

첫째, 산업관광을 순수 관광목적으로 보지 않고, 겸 목적 관광인 비즈니스 여행(business travel)으로 보았다.

둘째, 공장견학을 기업의 순수 홍보목적 활동으로 보았기 때문에 '산업관광'에 대한 연구가 많이 이루어지지 않았다. 일본은 최근 관광입국(觀光立國)정책의 일환으로 산업관광을 중시하고 있다. 이런 정책기조에 부응하여 '신관광'으로서의 산업관광에 대한 다양한 논의가 활발하게 이루어지고 있다.

일본 경제산업성 보고서는 산업관광의 범주로 체험관광(전통공예체험, 농림어업체험 등), 산업유산관광(Heritage tourism), 테크니컬 비지트(Technical visit: 시찰·공상견학), 컨벤션(Convention : 국제회의) 등을 고려하고 있으나, 이들 전체를 포함하는 산업관광 개념이 필요하다고 지적하고 있다 (일본 경제산업성, 2004). 또한, 2006년에 발표된 산업관광추진회의 보고서에서는 근래의 산업관광 개념을 다음과 같은 4개의 프로세스로 정리하고 있다(관광종합연구소, 2008).

①「technical(기술)」에서 「industrial(산업)」 로 확장

② 제조업에서 모든 산업으로 확장 : 2차 산업에서 1차 산업(농림어업), 3차 산업(관광·서비스업)에서 모든 산업으로 확장)

③ 산업 활동(공장 등과 산업계의 인프라)과 광의의 도시 활동을 포함 : 공장·창고처럼 산업 활동을 지지하는 산업계 인프라(철도, 운하, 항만, 공항 등), 산업 활동을 지지하는 노동자와 그들의 가족생활, 도시 활동을 포함하도록 개념을 확장

④ 하드(hard)자원(유형자원) 외에 소프트자원(무형자원)을 포함 : 산업과 도시 활동을 지지하는 활동의 엔진으로서 기술·기능과 그 결과로서의 제품·디자인·의장, 각종사회시스템 등 소프트자원(무형자원 = intangibles)를 포함하는 개념으로 확장

이러한 논의들은 산업관광을 “과거, 현재, 미래의 산업과 그 유적 등을 자원과 대상으로 보고 기존의 대형 산업시설의 시찰이나 공장견학과 같은 수동적인 관광의 형태가 아닌 산업을 중심으로 산업에 한층 더 가까이 다가가 접하는 것, 산업 자체에 대한 이해는 물론 산업에 종사하고 있는 종사자와 그 지역의 문화까지 이해하는 포괄적인 관광활동” 으로 개념을 확장하고 있다.

<표 Ⅰ-2> 산업관광의 개념

분류		내용
Carter(1991)		산업관광은 안전(Everything's under control), 볼거리(Wonders of the world, 쇼핑(Shops with stories attached), 작업현장 (Resal work,-work watching) 등의 4가지 차원의 특징을 가짐
Yale(1991)		현재의 생산과정을 보여줌
Dodd & Bigotte(1997)		생산설비를 방문하여 설비를 돌아보고 시험 해보는 교육여행을 포함하는 여행
Frew(2000)		관광지가 아닌 산업지역에 관광객들이 방문한다는 것을 기본으로 하여 산업의 자동화 정도, 제조공정을 볼 수 있느냐 정도, 방문객이 개입할 수 있는 정도, 제품과 서비스를 판매하면서 제한된 현장접근만을 허용하는 관광 등의 4가지 차원을 통해 그 특징을 파악할 수 있다고 설명함
김효경(2008)		기업이나 지역에서 산업 활성화 및 지역 활성화를 목적으로 다양한 관광활동(전시시설의 관람, 현장 견학 및 체험, 축제 등)을 통해 과거, 현재 그리고 미래의 산업현장을 경험하는 것
김종은(2009)		현대의 산업시설을 관광대상으로 자국의 산업·기술수준을 외국인관광객에게 인식시켜 여러 나라와의 경제무역 및 기술교류에 직접·간접적으로 기여하는 목적에서 비롯한 새로운 관광의 형태
일본	관광학대사전	기존 관광의 수동적인 관광자원이 아니라 제조공정의 견학·체험·학습이라는 지적호기심을 채우는 측면을 강조한 관광활동
일본	전국산업관광써밋아이치·나고야	역사적·문화적 가치가 있는 산업문화재(오래된 기계기구, 공장유구 등), 생산 공장(공장, 공방 등) 및 산업제품을 관광자원으로 하고 그들을 통해 만들기 정신에 접하고 동시에 인적교류를 촉진하는 관광 활동
일본	중경권지역	산업활동과 그 역사를 관광이라는 관점에서 접근하는 것으로, 일상에서 이용하고 있는 상품과 제품을 제작하는 시설, 그 생산 공정의 견학 및 체험과 그 역사를 학습함. 인간이 구축해온 산업문화에 대한 감동과 공감을 음미함
일본	스다	산업관광은 역사적이고 문화적인 가치가 있는 산업문화재(기계, 기구, 공장유적 등), 생산현장(공장과 공방 등), 산업제품 등을 관광자원으로 해서 인적교류를 도모하는 산업활동
일본	우에다	근대적인 제조업에 해당하는 생산시설, 설비, 기술, 제품 등을 대상으로 하는 관광산업과 산업의 고도화 및 기술혁신에 의해 노후화되고 진부한 광공업 생산시설, 설비, 기술 즉, 산업유산 등을 포함하는 관광
일본	산업관광추진협의회	역사적, 문화적인 가치가 있는 산업문화재, 생산 공장 및 산업제품, 콘텐츠 등의 소프트자원 등을 관광자원으로 하는 새로운 관광형태로서 이들의 가치, 의미 및 재미를 경험함으로써 인적교류를 촉진하는 관광

분류		내용
중국	야오홍(姚宏, 1999)	산업관광을 현존하는 공장, 기업, 회사 및 현재진행 중인 공정 등 산업장소를 여행객체로 하는 특수여행으로 산업생산·공정의 전 과정을 통해 과학적 지식을 습득하고 일반적인 관광여행을 접목시켜 오감을 만족시키는 지식, 쇼핑, 관광이 하나로 어우러진 종합형 여행상품
	허전보(何振波, 2001)	산업관광을 공업기업의 선진기술 장비, 생산시설, 동적 생산 공정, 과학적인 관리 시스템 및 독특한 산업 건축예술을 바탕으로 지식을 신장하고 식견을 넓히며, 경험을 확장하는, 감상, 시찰, 학습, 참여, 쇼핑을 하나로 통합한 특수 관광형태
	천예웨이, 따이따오핑(陈业玮, 戴道平 2003)	공업기업의 건설 환경, 설비시설, 생산 과정, 기업문화, 관리 등을 여행객의 관심사로 보고 각각의 객체를 설계, 포장하여 여행시장으로 내보낸 것으로 여행객들의 지적호기심 및 새롭고 진기한 것에 대한 욕구를 충족시켜 이를 통해 기업들이 가지고 있는 경제, 사회, 관리 등의 목표를 실현하는 특수여행
	리나나, 왕청윈(李娜娜, 王承云 2009)	산업관광을 공업기업의 공장 생산 구역, 생산 라인, 상품 및 독특한 제조공법 등을 바탕으로 이에 관심 있는 여행객들을 구성하여 참관, 체험하는 여행패키지

자료: 김효경(2008) 의 연구내용 재인용 및 추가 자료 연구자 재작성

2) 산업관광의 분류

가. 한국관광공사의 분류

산업관광을 자원의 유형에 따라 분류하면 유형(tangible)자원, 무형(intangible)자원, 그리고 기타 자원으로 구분할 수 있다. <표 I-2>를 보면 한국관광공사에서 분류하는 산업적 관광자원을 살펴보면 공업단지, 유통단지, 광업소, 농장, 목장, 백화점 등의 관광과 관련된 많은 장소가 포함되어 있는 것을 확인할 수 있다.

<표 I-3> 산업관광의 유형 무형자원의 의한 분류

분류	구분	내용
유형관광자원	자연관광자원	천연자원, 천문자원, 동식물자원
	문화적관광자원	고고학적, 유적지, 사적지, 시찰, 공원
	사회적관광자원	풍수, 행사, 생활, 예술 교육, 스포츠
	산업적관광자원	공업단지, 유통단지, 광업소, 농장, 목장, 백화점
	관광레크레이션자원	캠프장, 수영장, 놀이시설, 어린이공원
무형관광자원	인적관광자원	국민성, 풍속, 관습, 예절등
	비인적관광자원	토속신앙, 사상, 철학, 역사 음악, 가곡 등

자료: 한국관광공사(1983)

나. 산업관광(문헌)의 분류

산업관광을 자원의 분류로 구분을 하면, 농업관광자원, 공업관광자원, 상업관광자원, 산업기반 시설 등으로 분류된다. 이 분류는 현재 나타나고 있는 산업관광 형태를 정리한 분류방식으로 세부적인 내용은 <표 I-4>과 같다.

<표 I-4> 산업관광의 산업분류에 따른 자원분류

자원유형	내용
농업관광자원 (1차산업분야)	-농업관광자원: 농장, 목장, 농원, 과수원, 주말농장 -임업관광자원: 자원휴양림, 수목원 등 -수산관광자원: 관광어촌, 갯벌체험관관 등
공업관광자원 (2차산업분야)	제조업의 기계설비, 제조공정, 공장부설연구소, 후생복지시설 -공업단지, 옥포조선소, 포항종합제철, 대덕연구단지 등
상업관광자원 (3차산업분야)	-재래시장: 상설시장, 정기시장(장날)특수시장, 소매상가 등 -백화점, 쇼핑센터 -면세점, 보석판매점 -박람회, 전시회
산업기반시설 (사회공공시설)	공항, 항만, 발전용 댐, 운하, 고속도로 등

자료: 김영규(2008)

다. 산업관광 시간에 따른 분류

산업관광을 일본의 경제 산업(2004)에서 시대별로 분류한 방식이다. 세부적으로 살펴보면, 산업관광을 과거, 현재 그리고 미래로 구분하여, 과거의 산업유산활용형 산업관광, 현재의 산업시찰 및 농촌관광을 중심으로 이루어지고 있는 산업관광, 그리고 바이오 및 IT 등의 첨단적인 연구개발 기술과 관련된 미래 산업관광으로 나누어 구분하고 있다. 산업관광 정책의 실행관점에서 보면 가장 적합한 산업대상 분류방식으로 볼 수 있다.

<표 I-5> 산업관광의 시간에 따른 분류

구분	유 형	개 요
과거	산업유산활용형 산업관광	산업유산(지역을 지탱해 온 산업에 관한 시설과 설비로 지금은 사용하고 있지 않거나 혹은 달리 쓰이고 있는 것)을 활용하고 산업유산과의 만남, 근대산업의 역사와 의의를 배우는 과정
현재	기존산업활용형 산업관광	지역의 특색 있는 산업을 활용하는 관광
	1차 산업활용형	농림업을 활용한 체험형 관광(관광농업, 관광어업등)
	2차 산업활용형	직물, 도예, 철기 등 전통적 산업을 활용하고 전통공례를 접하는 산업관광 자동차, 가전, 섬유, 환경산업 등 지역의 특색 있는 산업집적을 살린 산업관광
	3차 산업활용형	애니메이션, 영화, 컴퓨터소프트, 음악 등 소프트 산업을 활용한 산업관광.
미래	미래산업활용형 산업관광	바이오, 나노테크, IT, 로봇 등 첨단적인 연구개발 거점과 연구소의 지역집적을 살려 최신 과학기술 접하는 산업관광

자료: 김상태(2009)

라. 산업관광 참여목적에 따른 분류

산업관광의 활동유형에 따른 일본의 산업관광 추진간담회에서 정리한 분류이다. 산업관광을 보는 관점으로서 기업차원에서는 산업관광을 추진하는 목적인 기업 및 제품홍보, 기술인재 육성, 지역산업의 진흥과 문화계승, 리쿠르팅, 관광사업 등으로 분류 될 수 있다.

또 다른 차원인 관광객 참여형태에 따라 연수와 시찰, 비즈니스, 일반관광, 교육 등으로 살펴 볼 수 있다.

이러한 산업관광객의 참여형태를 기업의 목적과 조합하여 산업관광의 유형을 구분해보면 공장견학형, 산지진흥형, 일반관광형, 기술인재육성형, 리쿠르트형으로 분류를 할 수 있다. 즉 산업관광에서 관광지 역할을 하는 기업과 이를 소비하는 관광객의 목적을 복합적으로 보는 방식이라 할 수 있다.

<표 I-6> 산업관광 활동 유형에 따른 분류

산업관광유형	내 용
공장견학형	비즈니스와 직결된 거래처와 신규고객 등에게 자사제품PR의 장으로 활용
산지진흥형	폭넓은 방문자를 수용 산지로서의 PR과 산지브랜드의 연계판매를 목적으로 함
일반관광형	널리 관광객을 수용하여 상품과 기업의 PR, 판매·식음시설로 관관상업을 전개
기술인재육성형	주로 초중학생의 사회과 견학 등을 수용지역과 사회로의 공헌을 지향함
리쿠르트형	취직을 목적으로 하는 학생을 수용기업에 대한 관심을 높이고 인재를 확보하는 것을 목적으로 함.

자료: 일본 산업관광 추진간담회 보고서(2008)

마. 관광활동 성격에 따른 구분

산업관광객의 활동성격에 따른 구분으로 산업관광 부문에서 관광방식에 따른 구분을 해보면 산업시찰, 공장견학, 기업자료관과 박물관 견학, 산업유산(Heritage) 관광, 체험형 관광으로 분류 할 수 있다.

먼저 산업시찰은 주로 상용여행자가 선진기술이나 생산시스템이나 근대적 공업시설 등을 시찰할 목적으로 외국 또는 다른 지역을 방문하는 테크니컬 비지트(Technical Visit)로 대부분 여행사보다는 특정협회가 주선을 하며 여행사는 교통, 숙박, 음식점, 통역 등의 수배 및 일정을 관리하게 된다.

Technical Visit는 전문적 정보를 얻기 위한 특정객의 여행으로 규정되며, 산업관광은 불특정객이 전문적 정보를 얻는 차원으로 볼 수 있다.

둘째, 공장견학의 경우는 업무출장여행이 아닌 관광목적이 가미된 공장견학으로서 Technical Visit가 제외된 여행을 말한다. 공장을 방문하여 시음이나 시식을 한 뒤 해당 제품을 구매하는 방식이다. 유리공예, 와인 공장이나 농장을 방문하여 시음하고 해당 제품을 쇼핑하는 방식으로 매스투어리즘의 형태를 갖고 있다.

셋째, 산업유산(Heritage)관광은 예전 산업의 공장과 설비 및 창고, 철도와 항만 및 운하 등을 관광하는 것으로서 이를 통하여 예전 산업시설이 보존이 된다. 이와 관련하여 20세기 중반 영국에서는 산업 고고학이 발생하였으며, 일본에서는 1977년 산업고고학회가 설립되었고, 1996년에는 등록문화재 제도가 도입되었다.

넷째, 체험형 관광은 체험중심의 관점으로 산업관광을 체험관광으로 바꾸려고 하는 시도로 볼 수 있다. 농어촌체험, 산나물 채취 체험, 도예 만들기 여행, 슬로우 푸드(slow food) 여행 등의 소규모 여행의 형태도 나타나게 되었다. 정리해보면 다음 <표 Ⅰ-7>과 같다.

<표 Ⅰ-7> 산업관광방식에 따른 분류

산업관광유형	내 용
산업시찰	상용여행자가 선진기술이나 생산시스템이나 근대적 공업시설 등을 시찰할 목적으로 외국 또는 다른 지역을 방문하는 여행(technical visit)
공장견학	업무출장여행이 아닌 관광목적이 가미된 공장견학으로서 Technical Visit가 제외된 여행
기업 자료관 박물관 견학	기업에서 운영하는 박물관들을 관광의 목적으로 방문하는 것으로 공장견학 및 산업시찰 코스에 포함되기도 함
산업유산 (Heritage)	예전에 유력했던 산업의 공장과 설비 및 창고 등과 철도와 항만 및 운하 등을 관광하는 것
체험형 관광	농어촌체험, 산나물 채취 체험, 도예 만들기 여행, slow food 여행 등 소규모 여행

자료: 일본산업관광 추진간담회 보고서(2006)

한국여행업협회의 여행통계 산업시찰 상품을 운영하고 있는 국내여행사의 및 이용관광객 현황을 보면, 에이앤드씨여행사가 여행사 이용 전체관광객 13,860명 중 6,706명(48.4%)으로 가장 많은 관광객을 유치한 것으로 나타났다.

그 다음이 하나투어인터내셜날로 여행사 이용 전체관광객 83,246명 중 6,064명(7.3%) 유치하였다.

여행사의 이용 전체 관광객 중 산업시찰 관광객을 많이 유치한 여행사는 레드캡투어(64.2%)였고, 그 다음이 지에스데이타㈜여행사(58.3%), 트래블카페(52.9%)로 나타났다.

산업시찰 상품을 운영하고 있는 여행사의 목록 및 여행사 이용 관광객 현황은 <표 I-8>과 같다.

<표 I-8> 산업시찰 상품운영 국내여행사 목록 및 이용 관광객 현황(2010)

순위	여행사	산업시찰		여행사 이용 전체 관광객
		인원수	%	
1	에이앤드씨여행사	6,706	48.4%	13,860
2	하나투어인터내셔날	6,064	7.3%	83,246
3	성신국제여행사	4,404	24.8%	17,733
4	세방여행	4,256	1.9%	220,120
5	삼성플러스관광	1,493	33.3%	4,479
6	승인여행사	1,251	3.1%	40,730
7	모두투어인터내셔널	1,063	0.5%	214,965
8	준스하나	1,057	23.9%	4,414
9	일진국제여행사	977	8.7%	11,225
10	우리클럽	892	1.9%	48,104
11	유로나스나투어	813	18.8%	4,327
12	세계투어	741	0.9%	81,796
13	화방관광	636	2.3%	27,363
14	서울시티투어	574	4.0%	14,274
15	금체여행사	523	4.9%	10,742
16	내일관광여행사	519	4.0%	13,059
17	트레블카페	430	52.9%	813

18	한중네트웍	408	11.7%	3,476
19	대민베스트투어	404	17.1%	2,358
20	한중상무교류중심	401	6.4%	6,279
21	디스커버리호스피탤리티 서비스	374	1.5%	25,207
22	화산여행사	369	9.1%	4,054
23	동서여행사	356	0.4%	89,714
24	케이아이에스코리아	309	2.3%	13,454
25	굿투어대한관광	275	12.0%	2,288
26	한진관광	260	0.1%	204,156
27	에이치디엠씨	257	12.1%	2,130
28	프라자이십일 플러스	243	6.0%	4,047
29	아리랑투어써비스	182	0.6%	32,270
30	핀투어	173	1.4%	12,477
31	국인여행사	165	1.1%	14,701
32	레드캡투어	147	64.2%	229
33	동보여행사	131	0.1%	97,883
34	광화국제여행사	126	22.1%	569
35	롯데제이티비	120	0.2%	75,678
36	아주여행	120	1.0%	11,881
37	세중쓰어데스크코리아	106	0.4%	29,056
38	에치아이에스코리아	94	0.0%	361,815
39	알와이투어	89	10.5%	849
40	한남여행사	80	0.1%	105,854
41	티티씨	76	1.9%	4,098
42	파나트레블서비스	69	0.5%	12,628
43	엠클럽트래블	64	0.9%	7,398
44	굿모닝세계일주	59	1.6%	3,600
45	이코리아스테이션	48	0.2%	26,261
46	내주여행사	38	0.9%	4,439
47	대양여행사	34	5.1%	668
48	한화국제상무센터	27	18.9%	143
49	프라자이십일	25	1.0%	2,450
50	세호티엔엘	21	18.8%	112

51	세중나모여행	15	18.5%	81
52	그레이스트래블	14	0.1%	15,215
53	지에스데이타㈜여행사	14	58.3%	24
54	한국국제여행사	14	2.7%	516
55	자유투어	11	0.3%	3,988
56	화원여행사	11	0.8%	1,387
57	씨팅스중국여행사	5	0.4%	1,139
58	대흥여행사	4	0.0%	13,902
59	아주인센티브	3	0.0%	139,832
60	모두투어네트워크	2	0.5%	425

자료: 여행통계, 한국일반여행업협회(2010)

3. 산업관광의 특징

1) 산업관광의 특징

산업관광을 통해 공장의 각종자원들을 통합하여 정상적인 생산 업무를 완수함과 동시에 다양한 시설과 공법들을 통해 여행 가치를 한 차원 끌어올리고 공장을 기존의 단일형 생산기업에서 복합형 다기능 종합기업으로 전환시킨다. 또한 산업관광은 시장의 수요와 공급의 원활한 교류를 위한 장을 마련하고 산업과 여행의 공생관계를 구축하여 2차 산업과 3차 산업 간의 균형적인 협력을 실현한다.

산업관광에서는 산업이 주(主)이고 관광이 종(從)인 공급자 중심의 관광이다. 이는 산업관광을 실시하는 공급자 측의 목적에 따라 관광의 구성과 그 내용이 달라질 수 있다는 것을 의미 한다 산업을 구성하고 있는 기업이나 조직들은 이윤추구를 목적으로 하기 때문에 이들이 조직하는 산업관광은 이러한 목적 달성을 보다 용이하게 하는 수단으로 사용된다.

산업관광을 통해 기업은 고객을 보다 가까이 접하고 고객에게 자사 상품에 대한 자세한 정보와 고도의 기술을 사용하는 생산시설을 보여줌으로써 기업의 가치를 높일 수 있다(Hill&Morgan, 1998). 이와 같은 목적의 산업관광을 소비경험의 일부로 보기도 한다. Mitchell과 Mitchell(2000)은 공장견학이나 생산 현장을 보는 것을 산업관광이 아닌 '소비자 경험관광(consumer experience tourism)' 이라고 하였다. 그들은 제조공장의 견학, 기업 박물관, 기업 방문센터를 방문하는 관광은 소비자에게 제품에 관한 기업의 운영과 생산과정, 역사 및 역사적 의의를 설명하는 것을 목적으로 하고 소비자는 관광을 계기로 제품에 대해 좀 더 알 수 있기 때문에 이러한 관광을 소비자 경험관광이라고 해야 한다고 주장했다.

이상과 같은 산업관광의 개념들을 살펴볼 때, 산업관광이란 '기업이나 지역에서 그들의 산업 활성화 및 지역 활성화를 목적으로 다양한 관광활동(전시시설의 관람, 현장 견학 및 체험, 축제 등)을 통해 과거와 현재, 미래의 산업현장을 경험하는 것' 이라고 정의할 수 있다. 궁극적으로 산업관광은 관광자가 해당산업뿐만 아니라 산업과 관련된 전반적인 사회 환경에 대한 이해를 높이는 역할을 한다(김효경, 2009).

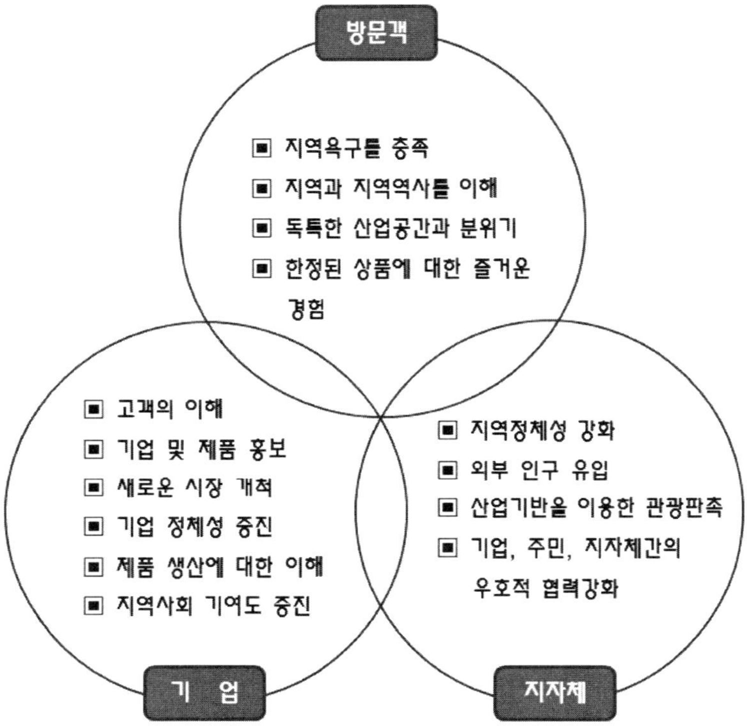

<그림 I-1> 산업관광 방문객, 지자체, 기업간 이해관계

2) 산업관광의 대상과 유형

산업관광은 산업의 다양한 소재가 산업관광의 대상이 될 수 있다. 그 대상이 너무 방대하여 산업관광의 개념이 모호해질 수도 있다. 그러나 산업에서 파생된 모든 부분이 대상이 될 수도 있어, 개념 범위가 확장될 수 있다. 일본 산업관광 추진간담회 보고서는 산업관광의 대상을 크게

(tangibles)자원과 무형(intangibles)자원, 기타자원으로 분류하여 다음과 같이 정리하고 있다.

<표 I-9> 산업관광의 대상

자원 유형	대 상
하드 자원 (유형자원-tangibles)	① 산업설비·기계 등 공장건물, 발전소, 기계·설비, 창고, 사무소 등 물건을 만드는 제조현장과 이들 유산
	② 산업·토목계 인프라 산업활동을 직접 지지하는(지지한 운하, 하천, 항만, 철도, 도로, 공항, 통신시설 등의 산업·토목계 인프라와 이들 산업
	③ 도시계 인프라 노동·자·근로자와 그 가족들이 생활을 하기 위해 필요한 다양한 도시가능·시설, 학교, 병원, 사택, 상업·오락시설 등 다양한 것이 포함
소프트자원 (무형자원-intangibles)	① 산업과 도시 활동을 지지하는(지지한) 기술·기능 산업과 도시 활동을 지지하는(지지한) 생산기술과 기능, 건물의 건축과 보전을 위한 기술 등
	② 산업제품 등의 디자인·의장, 콘텐츠
	③ 인적자원 창업자·기술자 등 역사를 개척한 인물과 그 이야기, 훌륭한 기능자(장인) 등
	④ 산업 활동의 조직·비즈니스 모델 등 각각의 산업고유의 생산시스템과 그 시대의 획기적인 생산·판매·유통시스템 등
기타자원	기타 하드, 소프트의 각 자원에 관계하는 각종기록, 화면, 사진(아카이브)과 산업 박물관 등 도 산업관광의 자원이다. 그 밖에 활용의 시점에서 생각하면 산업관광에 관계된 인재의 축적, 자원의 보전·활용을 위한 조직, 활용의 노하우 등의「매니지먼트」도 중요한 자원이 됨

자료: 일본 산업관광추진 간담회(2007)를 이용하여 재구성

산업관광은 산업의 과거모습이나 유적을 주요 자원으로 하는 산업유산관광과는 달리 산업의 과거는 물론 현재와 미래의 모습까지도 포함한다. 이러한 산업관광은 시간 축에 따라 그 관광대상과 형태가 달라질 수 있는 그 유형을 시간 축에 따라 분류하면 <표 I-10>과 같다

<표 I-10> 산업관광의 분류

구분	유형	개요
과거	Ⅰ.산업유산활용형 산업관광	산업유산(지역을 지탱해 온 산업에 관한 시설과 설비로 지금은 사용하고 있지 않거나 혹은 달리 쓰이고 있는것)을 활용하고 산업유산과의 만남, 근대산업의 역사와 의의를 배우는 관광.
현재	Ⅱ. 기존산업활용형 산업관광	지역의 특색 있는 산업을 활용한 관광
	Ⅱ-1 1차산업 활용형	농림업을 활용한 체험형 관광(관광농업, 관광어업 등)
	Ⅱ-2 2차산업 활용형	직물, 도예, 칠기 등 전통적 산업을 활용 하고 전통공예를 접하는 산업관광 자동차, 가진, 섬유, 환경산업 등 지역의 특색 있는 산업집적을 살린 산업관광
	Ⅱ-3 3차산업 활용형	애니메이션, 영화, 컴퓨터소프트, 음악 등 소프트 산업을 활용한 산업관광.
미래	Ⅲ. 미래산업 활용형 산업관광	바이오, 나노테크, IT, 로봇 등 첨단적인 연구개발거점과 연구소의 지역집적을 살려 최신 과학기술을 접하는 산업관광

자료 : 일본 경제 산업성(2004)

요시다(2006)는 산업관광을 구성하는 내용으로 테크니컬 비지트, 공장견학(테크니컬 비지트를 제외), 기업 자료관·박물관, 산업유산관광, 체험형관광을 들고 있다. 이를 정리해 보면 다음과 같다.

(1) 테크니컬 비지트(technical visit)

산업관광과는 본질적으로 다른 여행형태이다. 첨단기술과 산업 시스템, 도는 근대적 공업 시설 등을 시찰할 목적으로 외국 또는 타지역을 방문하는 것, 특정의 고객층에게 전문적 기술적인 정보를 제공하는 행위로 정의하고 있다. 테크니컬 비지트는 인원규모를 제한하지 않으며 전문적인 정보를 얻기 위한 여행(여행형태로서는 업무출장여행)이다. 그러나 테크니컬 비지트의 여행형태를 명확하게 구분하는 것은 용이하지 않다. 대체로 업무출장과 관광이 혼합된 형태로 보는 것이 일반적이다.

(2) 공장견학(테크니컬 비지트 제외)

관광형태로 공장을 견학하는 경우가 있다. 공장견학은 대량관광이 가능하다. 공장을 방문하는 것이 인기 있는 것은 공장을 견학하면서 시음·시식, 제품을 쇼핑할 수 있기 때문이다.

(3) 기업자료관·박물관

기업부속 자료관이나 기업들이 실질적으로 운영하고 있는 박물관을 견학하는 것이다. 기업·산업의 역사와 명예를 전시하는 곳이다. 지적인 즐거움 얻을 수 있기 때문에 방문자가 그 분야에 관심을 갖고 있다면 매력적인 방문시설이 될 수 있다. 또한 지역을 대표하는 기업이라면 그 지역의 문화를 이해하는 수단이 될 수 있고 지역주민에게도 지역에 대한 애착과 자긍심을 가질 수 있게 해준다.

(4) 산업유산관광(industrial heritage tourism)

산업유산은 옛날 산업의 유구(遺構)·폐공장과 창고들, 기계·도구류 또는 그 산업을 지탱하던 기반시설이라 할 수 있는 철도, 도로, 댐, 항만, 운하 등을 지칭한다. 이들 중에서는 오늘날 매력이 넘치는 관광대상이 된 것도 있다. 제조업이 번성했던 지역에서는 어디서나 이러한 산업유산을 볼 수 있다. 산업유산의 매력 포인트는 관광자가 과거를 추억하는 노스텔지어(nostalgia)라고 할 수 있다. 산업유산 관광지로 유명한 홋카이도의 오타루는 특정 산업유산보다, 지역 내에 산재한 과거의 산업시설들을 활용한 문화 공간 그 자체가 유명하다.

(5) 체험형 관광

체험형 관광은 이미 여러 분야에서 실천되고 있는 관광형태로 특히 교육여행에 체험형 관광이 정착되어 있다. 산업관광에서도 충분히 응용할 수 있다. 산업관광에서 이루어지는 체험은 타인의 일상을 체험하는 것이므로 그 제공 형태에 따라 기존의 대량관광에서 실시되고 있는 체험과는 다른 의미를 전해 줄 수 있다.

제2장 산업관광의 현황

1. 국내 산업관광의 현황

1) 국내 산업관광

산업관광에 관한 논의나 계획은 사실상 오래전부터 산업관광자원 개발 및 산업관광 지원정책으로 추진하고 있었으나 산업관광에 대한 인식 부족으로 인하여 실행이 미흡하였다는 점에는 이제는 인식개선과 더불어 구체적인 사업추진 계획 마련이 필요하다.

제2차 관광개발 기본계획(2001)에서는 부산, 울산, 경북, 경남권의 산업관광자원 개발사업 계획, 관광진흥 5개년 계획(2004)에서는 외래관광객 유치를 위한 산업관광 개발 계획, 제4차 시도별 권역계획(2007)에서는 울산의 특화 산업자원 활성화 계획, 제3차 관광진흥 5개년 계획(2009)에서는 2.5차형 산업관광 육성 계획이 있다.

그러나 지원정책이 미흡할 뿐만 아니라 구체적 사업 추진이 미진한 상태로 계획의 실행성이 담보상태에 머물러 있으며, 산업관광이 본격적으로 대두되었던 계기는 2008년 대통령 보고로 시작되었다. 이에 대한 정책적 노력이 있었지만 우리나라 산업관광은 아직까지 주변관광경쟁국에 비해 상당기간 뒤떨어진 상태로 평가되고 있으므로 격차해소를 위한 산업관광 개발 및 진흥정책이 필요하다.

2008년 관광사업경쟁력 제고 방안에 대한 대통령 보고시 '우리나라 대표적인 세계일류의 IT에 대한 생산현장 및 미래 유비쿼터스 체험관을 관광상품화로 연계' 하는 내용이 있었으며, 2011년 대통령 신년연설에서는 국내 대표 산업의 위상을 확인하면서 산업과 관광 결합의 복합공간 개발 내용을 제안하여 산업관광 정책의 체계를 갖춰가는 과정임을 알 수 있다.

그러나 국내 전문가 조사(산업관광의 전략적 거점 개념화 연구, 2011) 결과, 국내 산업 관광은 법제도 및 공공부문의 지원체계 정립 미흡, 산업관광의 인프라 구축 부족 등으로 선진 산업관광 수준과 최소 5년~10년의 격차가 있는 것으로 조사되었다.

<표 Ⅱ-1> 산업관광 관련 정책 및 사업추진 주요 내용

연 도	내 용
2008. 11	관광진흥 10대 과제 중 하나로 '산업관광 관련 TF' 발족
2009. 03	지자체 해외홍보마케팅 지원사업 내 산업관광 상품개발 지원
2009. 07	'산업체 시찰 및 연계 관광 프로그램' 책자 제작 및 배포 계획
2009. 10	'산업체 시찰 관광' 우수 사례 발굴 및 집중 지원
2009. 12	'산업관광 활성화 방안 연구(한국문화관광연구원)'
2010. 11	'산업관광 현장답사 및 모델코스(한국관광공사)' 개발
2011. 01	대통령 신년연설: 국내 대표 산업의 세계적 위상 확인, 산업관광 개발 방향 제언
2011. 02	'산업관광의 전략적 거점 개념화 연구(한국관광공사)'

자료: 김상태(2011)

▪ 산업관광 시장의 현황을 살펴보면, 내국인 산업관광 참가자 수는 국내 관광객 수 대비 약 2~3% 정도로 매우 저조한 반면, 경쟁국인 일본은 산업관광 경험 관광객이 전체 관광객의 약 13% 정도로 조사되므로 선진국 수준에 도달 할 수 있도록 신관광수요 확보와 외래관광객 유치 방안이 필요하다.

▪ 한국관광연구원의 외래관광객 실태조사(2009)에 따르면 외국인의 국내 산업관광 참가자수는 국내관광 외래관광객 수 대비 약 5~8%의 구성비를 갖는 것으로 조사되었다.

▪ (재)일본교통공사의 '여행자 동향 2010' 에 따르면 2009년 일본 관광객 중 산업관광객을 경험한 비율은 13.5%로 우리나라 산업관광객 구성비와 차이를 보이고 있다.

<표 Ⅱ-2> 내국인 산업관광 참가 수 현황

연도	내국인		외국인	
	국내관광 참가자	산업관광 참가자	국내관광 참가자	산업관광 참가자
2005년	36,888,642명	1,420,213(3.85)	6.022.752명	475,757명(7.90)
2006년	37,666,721명	1,054,668명(2.80)	6.155.045명	437,008명(7.10)
2007년	36,443,445명	1,166,190명(3.20)	6,448,240명	341,757명(5.30)
2008년	37,391,314명	953,479명(2.55)	6,890,841명	372,105명(5.40)
2009년	37,273,801명	1,032,484명(2.77)	7,817,533명	359,607명(4.60)

자료: 문화체육관광부(2009). 국민여행 실태 조사와 한국 문화관광연구원 (2009). 외래관광객 실태조사 재정리

▪ 우리나라는 주변국보다 IT, BT CT산업 부문이 세계적으로 발전하여 있으므로 경쟁적 위치에 있는 중국과 일본에 대한 경쟁대응책으로의 목적을 가지고 있다.

▪ 산업관광 활성화 방안의 추진을 전제로 인바운드 시장에 새로운 성장 동력을 작동 하게 함과 동시에 외래관광객의 유치를 증대한다.

▪ 각 지역에 분포되어 있는 산업단지의 관광화를 통해 지역 경제를 활성화 시키고 지역균형발전에 이바지하고 관광 콘텐츠 강화 정책의 일환으로 새로운 산업관련 콘텐츠를 포함시켜 관광분야의 범위를 확대해야 한다.

국내 산업관광 프로그램은 단순 공장견학으로 운영되어 산업기반시설과 관광객 체험 및 지원시설 등 복합적 관광인프라가 부재하여 산업관광 성장에 한계를 보인다.

울산의 경우 "산업교류기반 문화 관광도시로 육성" 이라는 목표로 울산의 강동권을 중심으로 한 신명, 정자, 주전, 일산, 진하, 간절곶 등 해안지역의 산업자원을 활용한 산업교류관광 기능과 해양휴양관광기능 수행을 계획하고, 이에 따라 현재까지 지속적으로 산업관광과 관련된 '울산시티투어', '조선 자동차 팸투어' 등과 같은 마케팅 및 프로그램들을 진행하였다.

부산의 경우 동북아 해양관광 거점도시 육성으로 해양관광 기반 확충을 위하여 산업관광·해양관광의 기능 극대화 등을 추진하고 있다.

2) 국내 산업관광의 현황

<표 Ⅱ-3> 국내 산업관광 주요시설

NO	지역	시군구	제목	분류
1	전라북도	남원시	국립축산과학원 가축유전자원시험장	산업관광지>기타
2	충청남도	서산시	대산공단	산업관광지>공단
3	경상남도	거제시	삼성중공업(주) 거제조선소	산업관광지>조선소
4	경상남도	거제시	대우조선해양(주) 옥포조선소	산업관광지>조선소
5	전라남도	광양시	광양제철소	산업관광지>제철소
6	경상남도	밀양시	삼랑진양수발전처 전력시설	산업관광지>발전소
7	강원도	춘천시	춘천 옥광산	산업관광지>광산
8	경상북도	영덕군	풍력발전단지	산업관광지>발전소
9	서울	영등포구	한국방송견학홀(KBS견학홀)	산업관광지>기타
10	울산	동구	현대중공업	산업관광지>조선소
11	경상남도	창원시	창원공단	산업관광지>공단
12	경기도	평택시	평택발전본부	산업관광지>발전소
13	경상북도	청송군	청송발전처	산업관광지>발전소
14	충청남도	당진군	당진화력본부	산업관광지>발전소
15	전라북도	정읍시	섬진강수력발전소(칠보)	산업관광지>발전소
16	부산	사하구	부산복합발전소	산업관광지>발전소
17	경상북도	포항시	포스코 역사관	산업관광지>제철소
18	경상남도	고성군	삼천포화력본부	산업관광지>발전소
19	강원도	동해시	동해화력발전처	산업관광지>발전소
20	울산	남구	울산화력본부	산업관광지>발전소
21	전라남도	여수시	호남화력발전처	산업관광지>발전소
22	제주도	제주시	구좌풍력발전기	산업관광지>발전소
23	서울	마포구	디지털 파빌리온관	산업관광지>전자/반도체
24	강원도	태백시	매봉산풍력발전단지, 고랭지채소밭	산업관광지>발전소
25	강원도	횡성군	국순당 주향로	산업관광지>식음료
26	인천	서구	영창악기	산업관광지>기타
27	대전	대덕구	롯데칠성음료 대전공장	산업관광지>식음료
28	경기도	안성시	롯데칠성음료 안성 공장	산업관광지>식음료
29	경기도	광주시	롯데칠성음료 오포 공장	산업관광지>식음료
30	경기도	이천시	샘표 이천공장	산업관광지>식음료
31	충청남도	논산시	CJ제일제당 해찬들 논산공장	산업관광지>식음료

NO	지역	시군구	제목	분류
32	부산	강서구	르노삼성자동차 부산공장	산업관광지>자동차
33	충청남도	아산시	현대자동차 아산공장	산업관광지>자동차
34	경기도	광명시	기아자동차 소하리 공장	산업관광지>자동차
35	서울	중구	SK 텔레콤 홍보관 T·um	산업관광지>전자/반도체
36	전라남도	여수시	GS칼텍스 여수공장	산업관광지>화학-금속
37	경상북도	안동시	안동 하회된장마을	산업관광지>식음료
38	인천	연수구	인천경제자유구역 IFEZ 홍보관	산업관광지>기타
39	서울	마포구	한국영상자료원	산업관광지>기타
40	경기도	수원시	KBS 수원센터	산업관광지>기타
41	경상북도	포항시	포스코	산업관광지>제철소
42	충청남도	당진군	현대제철 당진공장	산업관광지>제철소
43	강원도	횡성군	종가집 횡성공장	산업관광지>식음료
44	경상남도	거창군	종가집 거창공장	산업관광지>식음료
45	충청남도	부여군	한국인삼공사	산업관광지>식음료
46	서울	서초구	삼성전자 홍보관(딜라이트)	산업관광지>전자/반도체
47	충청남도	서산시	현대오일뱅크 대산공장	산업관광지>화학/금속
48	울산	남구	SK에너지 울산공장	산업관광지>화학/금속
49	경기도	포천시	포천 산사원	산업관광지>식음료

출처: 한국관광공사 홈페이지

2. 국내 산업관광 동향

기존의 산업체 관광을 확대하고 국내 유수기업이 참여하는 2.5차형 산업관광을 육성하고 있다. 현재의 산업관광에 대한 정부 지원은 공사사이트에 창원공단, 현대중공업 등의 산업관광지를 소개하고 교통여건 및 주변지역 소개에 수준에 머물러 있다.

현대중공업 산업시찰 관광은 2000년 12월 1200만 명을 넘어선 이후 6년 3개월 만에 100만 명의 내외국인 방문객들이 더 다녀가 2008년 총 방문객 누계가 1301만4052명을 기록했다. 현대중공업은 850㎡(260평) 규모의 현대식 홍보전시관에서는 지난 35년간의 현대중공업 조선역사와 초대형 선박 모형들, 조감도, 항해체험시설, 미래의 해양 도시를 설계한 모형 등을 한눈에 볼 수 있다.

또한 정부는 국내 15개 업체가 산업관광 긍정적 수용의사를 밝힌 바, 이들 업체에 전시관 및 설비, 안내원 지원 등을 시범적으로 실시한다고 한다.

특히 수학여행이나 동남아시아, 아프리카 등을 대상으로 하는 산업연수 및 인센티브 관광에 접목할 계획이다. 우리나라의 대표적인 최첨단 분야로 꼽히고 있는 IT(휴대폰, 반도체 등)에 대한 생상현장 및 미래 유비쿼터스 체험관을 관광 상품화하고 있다. 상암 DMC 내 디지털 파빌리온 등 U-IT 체험관 관광 상품으로 연계, 반도체 무균실 체험 등 체험형 공간 마련을 통해 관광효과가 극대화 될 것으로 예상된다.

외래 관광객 선호 국내 산업체를 선정하여 산업관광 네트워크를 구축할 계획이다. 한국관광공사와 전국경제인연합회 간 협의체를 구성하여 여행사의 상품 개발을 지원 하여 해당 산업체의 호응을 유도할 계획이다.

또한 중국 기업 인센티브 관광단 확대를 통해 중국인 관광객을 유치할 계획이다. 기존 산업체 견학 관광과 연계하여 중국의 공무원이나 기업체를 대상으로 하는 인센티브 시장 확대할 계획이다. 최첨단 하이테크 체험을 겸한 기업홍보관 및 전시장을 활용하여 관광 상품 개발을 하고, 책자

제작, 현지 주요 기업체 배포, 기업 인센티브 담당자 대상 세일즈 콜 등의 기업 인센티브 관광객 유치를 위한 홍보 및 마케팅을 강화할 계획이다. 또한 기업 인센티브 관광객의 비자발급을 개선할 계획이다.

1) 국내여행사의 산업관광 관련 부문 현황

국내여행사의 유형별 외래관광객 유치현황을 보면 스포츠관광, 문화관광, 도자기관광, 인센티브, 산업관광 등 10개의 유형분류에서 산업관광이 구분이 되어있다. 문화관광과 쇼핑관광분야는 계속 증가하고 있는 반면, 산업관광의 경우 2008년 이후 감소 추세를 보이고 있다.

<표 Ⅱ-4> 국내 여행사의 유형별 외래관광객 유치현황

유형	2010	2009	2008
스포츠관광	59,864	72,011	59,393
문화관광	1,499,611	1,361,511	968,580
도자기관광	44,942	54,349	71,839
인센티브	332,789	349,433	231,507
산업관광	**38,215(0.7%)**	**50,755(1.1%)**	**76,593(2.3%)**
수학여행	36,946	37,458	45,351
안보관광	120,688	121,238	173,914
학술관광	16,180	14,787	19,601
쇼핑관광	1,468,967	1,281,481	872,373
사찰	707,789	657,392	424,475
기타	838,172	623,802	354,980
총계	5,166,173	4,626,226	3,300,614

자료: 여행통계, 한국일반여행업협회(2011)

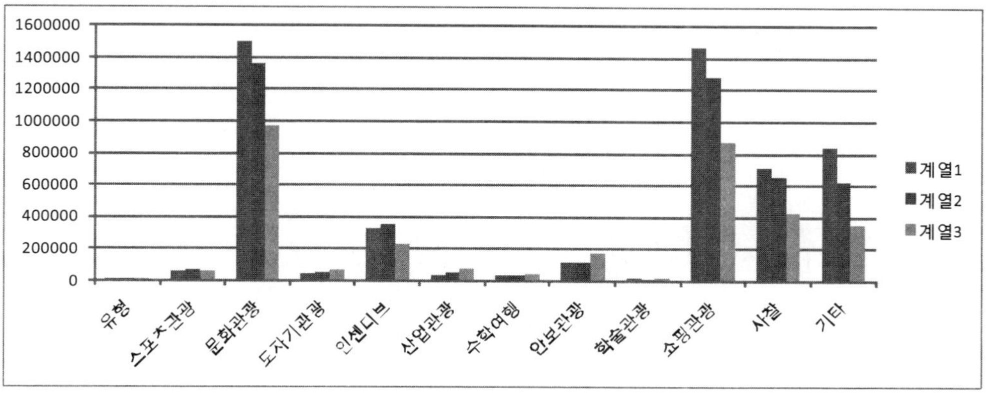

자료: 여행통계, 한국일반여행업협회(2011)

<그림 Ⅱ-1> 국내 여행사의 유형별 외래관광객 유치현황

2) 국내 산업관광의 사례 및 주요시설

가. [에버랜드 환경 아카데미]

□ 개　　요

에버랜드 환경사업부에 의해 운영되는 환경아카데미이다. 에버랜드, 캐리비언베이에서 배출되는 오수, 폐수(동물원, 화장실수, 식당)를 1등급 수질로 정화하여 재활용하는 과정을 처음부터 끝까지 흥미롭게 지켜볼 수 있다. 2008년까지 43만 명이 넘는 국내·외 방문객이 환경아카데미를 체험하였다.

<그림 Ⅱ-2> 에버랜드 환경아카데미

□ 회사소개

- 위치 : 경기도 용인시 처인구 포곡읍 전대리 310 삼성에버랜드
- 전화 /팩스:031)320-5555(관측팀)/ 031-320-8467

□ 견학시설

정수처리시설 → 음식물쓰레기 재활용시설

- 소요시간 : 30분 ~ 1시간
- 견학가능 시간 : 09:30~17:00(연중무휴)
- 견학대상 : 전 연령대

□ 신청방법

- 전화로 견학 신청
- 견학 희망일로부터 최소 3~4일 전 연락 요망

□ 참고사항

- 여행업계 직접 견학신청 가능
- 재활용 비누 선물(현지 사정에 따라 변경될 수 있음)
- 안내 가이드 활용 시 반드시 해당 외국어 가이드 대동 요망

▪ 여행업계 에버랜드 판촉팀을 통해 직접신청 가능

▪ 정문에서 입장권 구매

▪ 정문에서 아카데미까지 차량 이동 후 아카데미 내 주차장에서 주차가능

상시견학여부	견학시설(영어)	안내원(영어)	비용	버스지원여부	수용가능인원
0	O(X)	O(X)	1000원/1인당	x	최대100

□ 주변 관광지

(1) 에버랜드 리조트

세계 4대 테마파크로 꼽히는 에버랜드, 세계수준을 자랑하는 워터파크 캐리비안베이 자연 속의 숙박시설 홈브리지, 국내 최대의 자동차 경기장 스피드 웨이, 그리고 퍼블릭 골프코스 글렌로스 골프클럽 등을 보유하고 있다. 1976년 개장한 이래 70년대의 사파리월드, 80년대의 눈썰매장, 90년대의 캐리비안베이와 더불어 2005년 오픈한 세계 최초의 이솝테마 파크 이솝빌리지까지 차별화된 엔터테인먼트와 가족, 연인과 함께 하는 특별하나 축제를 통해 국내 테마 파크의 수준을 선도하고 있다.

-주소 : 경기도 용인시 처인구 포곡읍 전대리 310

-홈페이지 : http:///www.everland.com

(2) 삼성미술문화재단

▪ 에버랜드 환경아카데미와 차로 10분 거리에 위치한 삼성미술문화재단은 1982년 4월에 개관한 사립 박물관으로 선사시대부터 현대까지의 국보와 보물 총 86점을 비롯한 중요 미술품들을 소장하고 있다. 주로 도자나 공예 분야를 중심으로 고미술 1만 5,000여 점과 현대미술 3,000여 점을 소장하고 있다.

-관람시간: 화~일 10:00~18:00(매주 월, 1월1일, 설날, 추석연휴 휴관)

-이용요금: 개인 일반 4,000원, 학생 3,000원

단체 일반 3,000원, 학생 2,000원

-홈페이지: http://hoam.samsungfoundation.org/
-문의: 031)320~1801~2

(3) 교통박물관

국내 유일의 자동차 전문박물관으로 세계 각국의 자동차를 감상하면서 자동차가 인류의 삶에 미친 영향을 간접적으로 체험하고 학습할 수 있는 문화공간이다. 국내의 자동차를 전시한 전시장을 비롯하여 어린이 교통사고 예방을 위한 어린이 교통안전 교육장으로 편안한 휴식을 취할 수 있는 공원 등의 부대시설이 갖춰져 있다.

-관람시간: 화~일요일 10:00~18:00(매주 월요일, 1월1일, 설날, 추석 연휴 휴관. 기타 휴관일은 사전에 홈페이지를 통해 공지함
-주소: 경기도 용인시 처안구 포곡읍 유운리 292번지 삼성화재교통박물관
-전화 : 031-320-9900

나. [영창악기]

□ 개　　요

1956년 국내 최초로 피아노를 생산, 대한민국을 대표하는 피아노의 대명사가 된 회사로 2006년 현대산업개발그룹에 편입되었다. 1977년 8월 동탑산업훈장을 수상하였으며, 1981년 수출의 날 1천만불탑을 수상하였다. 1987년에는 세계 일류화 상품업체로 지정됐으며, 1990년 미국 보스턴에 R&D연구소를 설립하는 등 해외사업에도 박차를 가하고 있다.

□ 회사소개

- 위　　치 : 인천광역시 서구 가좌동 178-55
- 홈페이지 : www.ycpiano.co.kr
- 전화/팩스 : 총무팀 032)570~1121/팩스 : 032-570-1000

□ 견학시설

- 피아노 제조공정 견학
- 소요시간 :1시간~1시간 30분
- 견학가능 시간 : 화, 금요일 10:00~12:00(주 2회, 공휴일 제외)

□ 신청방법

- 전 화 : 032)570~1121
- 접수기간 : 매분기 마지막 달(3, 6, 9, 12월). 화~목요일 13:00~15:00

□ 참고사항

- 분기별로 접수
- 부득이한 공장사정이나 우천시 등에는 견학이 취소, 변경될 수 있음

상시견학여부	견학시설(영어)	안내원(영어)	비용	버스지원여부	수용가능인원
x	O(X)	O(X)	무료	x	최대60

□ 주변관광지

(1) 월미도

영창악기 인천공장에서 차로 20여분 떨어진 곳에 인천의 유명한 관광지 중 한 곳인 월미도가 있다.

월미도는 효종4년(1653)에 월미도에 행궁을 설치했다는 기록 외에는 조선조 말기까지 역사에 등장하는 일이 거의 없었다. 행궁의 위치는 동쪽 해안에 있던 임해사터라고 되어 있으나 지금으로서는 확인할 길이 없다.

1989년 7월 문화의 거리가 조성된 이래 문화예술의 장, 만남과 교환의 장 그리고 공연놀이 마당 등으로도 알려지기 시작한 월미도는 인천하면 떠올릴 만큼 유명한 곳으로 자리 잡고 있다. 휴일엔 각지에서 수십만 명의 인파가 몰리는 이곳에는 카페, 회센터 등 조화를 이루며 늘어서 있어 시원한 바다를 바라보며 구미에 맞는 음식을 골라 즐길 수도 있다. 인천

앞바다 1km 거리에 떠있는 둘레 4km의 월미도는 섬 아닌 섬으로 변모하고 인천시민의 또한 그 주변의 시민의 휴식 공간으로 자리를 굳히고 있다.

간조시에는 갯벌이 노출되지 않아 항상 바닷물과 즐길 수 있으며, 주변에는 횟집 52동이 자리하고 있어 서해안의 별미를 맛볼 수 있어 외국인 관광객의 군침을 돌게 한다. 또한 문화의 거리는 관광객을 위하여 특성 있는 구간을 조성하여 "만남교환의 장", "문화예술의 장"과 각종 공연을 위한 "연출의 장"을 설치하여 이용객의 편의를 도모하여 시민문화 의식의 고취와 지방 예술 문화 창달에 기여하고 있다.

- 위 치 : 인천 중구 북성동 1가
- 홈페이지 : http://www.palmido.co.kr/

기타주변관광지 :

- 송도 (세계도시축전) : http://www.incheonfair.org/

다. [인천경제자유구역 IFEZ 홍보관]

□ 개 요

인천경제자유구역이란 한국의 핵심지역인 인천을 국제 비즈니스의 전진기지로 선정하여 국제도시로서 최적의 경제활동이 보장되도록 지원하는 장소이다. 인천이 동북아 비즈니스의 핵심 도시로 공항, 항만, 레저가 함께하는 지정학적 위치와 최적의 첨단 인프라 확충, 외국인 친화적 생활여건을 갖춰 경제자유구역 지정 취지에 가장 부합되는 지역이라는 취지에 따라 선정되었다. 2003년 8월 국내 최초로 경제자유구역으로 지정되어 자유로운 국제 비즈니스와 기업 경영이 이뤄지도록 정부가 적극 지원하고 있다.

<그림 Ⅱ-3> 인천경제자유구역 IFEZ 홍보관 내부

□ 기관소개

▪ 위치 : 인천광역시 연수구 송도동 7-50번지 송도테크노파크 갯벌타워 21층

▪ 홈페이지 : www.ifez.go.kr

▪ 전화 : 견학문의 032)453-7883~5

□ 견학시설

영상관, 모형도(영종, 송도, 청라지구별 개발모형도), 전망대

▪ 소요시간 : 40분

▪ 견학가능시간 : 월~금 09:00~18:00, 토~일 10:00~16:00

▪ 견학대상 : 성인 이상

□ 신청방식

▪ 관람 최소 2일 전까지 인터넷, 전화이용 예약가능

▪ 신청 후 예약 처리사항(답변내용) 확인 후 방문요망

□ 참고사항

상사견학여부	견학시설(영어)	안내원(영어)	버스지원여부	비용	수용가능인원
X	0(0)	X(X)	x	무료	30

□ 주변관광지

(1) 인천상륙작전기념관

인천경제자유구역 홍보관과 차로 15분 거리에 위치한 인천상륙작전기념관은 6·25전쟁 때 연합군 상륙작전을 기리기 위해 세운 기념관이다.

관람시간: 09:00~18:00(입장 마감시한 17:30분)

관람료: 무료

- 위　　치 : 인천광역시 연수구 옥련동 525
- 홈페이지 : http://www.landing915.com/
- 문　　의: 032)832~0915

□ 기타주변관광

- 송도컨벤시아
- 인천대교 홍보관

라. [한국영상자료원]

□ 개　　요

한국영상자료원은 필름 보관고, 영화라이브러리, 시네마테크, 영화박물관으로 구성돼 있다. 한국영화 1천편을 디지털화해 VOD서비스하고 있으며, 지금까지 국내에서 출시된 비디오, DVD 영화는 수집 가능한 범위 내에서 모두 갖춰놓았다. 또한 칸, 베를린, 베니스 등 세계 3대 영화제 수상작 컬렉션도 마련돼 있다. 과거 20여년에 걸쳐 축적된 인디영화들을 총망라해 1천여 편 규모의 독립영화아카이브를 구축했고, 영상자료실 내에는 물론 온라인을 통해 일반 대중을 상대로 VOD 및 DB서비스를 실시하고 있다.

<그림 Ⅱ-4> 한국영상자료원 내부

□ 기관소개

- 위치 : 서울특별시 마포구 상암동 DMC단지 1602 문화콘텐츠센터 한국영상자료원
- 홈페이지 : www.koreafilm.or.kr
- 전화/팩스 : 02)3153~2001/ fax 02)3153~2080

□ 견학시설

5층	하늘공원, 노천극장
4층	사무국(사무국, 야외테라스), 원장실, 국장실, 수장고(포스터보존실, 문헌보존실)
3층	수장고(필름보존실, 비필름보존실, 음향보존실, 스틸보존실, 특수자료보존실)
2층	영상자료실, 보존과학연구실, 디지털아카이빙센터
1층	영화박물관
지하1층	시네마테크 KOFA 3개관(1관: 328석/ 2관: 150석/ 3관: 50석)

□ 이용가능 시간

시설	운영시간	휴무일
시네마테크	평일 13:00~22:00	월요일, 1.1, 설/추석 연휴
	공휴일 12:00~21;00	
한국영화박물관	평일 10:00~19:00	월요일, 1.1, 설/추석 연휴
	공휴일 10:00~18:00	
	수요일 10:00~19:00	
영상자료실	평일 10:00~19:00	매월 둘째, 넷째 월요일 1.1, 설/추석 연휴
	토요일, 공휴일 10:00~18:00	

□ 신청방법

- 개인은 사전예약 없이 관람 가능함
- 10인 이상 단체의 경우 박물관은 홈페이지를 통한 견학신청 가능

: http://www.koreafilm.or.kr/museum

□ 참고사항

- 입장은 관람시간 종료 30분 전까지 가능
- 6세 미만은 개별보호자 동반
- 박물관외 견학 안내 별도로 없음
- 2009년 12월 31일까지 박물관 입장료 무료
- 자료 이용시 이용실비 부담
- 외국어 오디오 가이드 제공, 별도 해설 없음

상시견학 여부	견학시설 (영어)	안내원 (영어)	비용	버스지원 여부	수용가능 인원
0	0(X)	X(X)	박물관 유료 입장 어린이· 청소년: 1000원(단체 500원) 성인: 2000원(단체1000원)	X	1회 50

□ 주변관광지

(1) 월드컵경기장

한국영상자료원과 1.86km 거리에 위치한 서울 월드컵경기장은 68,476

석 규모의 축구 전용경기장으로 2002 FIFA 월드컵 개최를 목적으로 건설되었다. 현재 2004년 안양에서 연고 이전한 K-리그 FC 서울의 홈 경기장으로 쓰이고 있다.

- 위　　치 : 서울 마포구 성산동 난지도길 45-1
- 홈페이지: www.seoulworldcupst.or.kr
- 문의: 02)2128~2000

□ 기타 주변관광지

- 한강시민공원 난지지구
- 절두산 순교박물관
- 문화플래닛 상상마당

마. [KBS 견학홀]

□ 개　　요

KBS견학홀은 한국 방송의 역사와 현재를 체험할 수 있는 국내 최초의 방송전시관이다. 이곳에서는 방문 시청자들에게 방송제작현장의 직·간접 체험기회를 제공하고 미니박물관, 기타 방송과 관련된 전시자료들을 통해 청소년들에게 방송학습의 장이 되고 있으며 국가기간방송 및 공영방송으로서의 KBS의 역할과 이미지를 알리기 위한 시청자서비스 공간이다.

KBS견학홀은 1977년 1월 1일 처음 개관하였고, 2001년 4월에는 전면적으로 시설 및 전시물을 개선하여 재개관하였으며 그 이후 입체영상체험관, 홀로그램코너, 캐릭터코너 신설 등 전시시설을 개선하여 관람객에게 보다 나은 견학서비스를 제공하기 위해 끊임없이 노력하고 있다.

관람은 본관 2층에서 시작하여 5층, 4층의 순으로 되어있다. 각 층에는 방송연대표·미니박물관·라디오드라마스튜디오·효과장비·9시뉴스코너·홀로그램관·입체영상체험관·크로마키코너 등이 마련돼 있다. 또한 스튜디오 시창을 통해 라디오와 TV 프로그램 제작과정을 관찰할 수 있다.

□ 회사소개

- 위 치 : 서울 특별시 영등포구 여의도동 46번지
- 홈페이지 : http://office.kbs.co.kr/hall/
- 전 화 : 시청자 서비스팀 견학홀 02) 781-2224, 2225
- Fax : 781-2226

□ 견학시설

- 2층(견학홀 로비, 라디오 오픈스튜디오)
- 4층(뉴스체험코너, 스포츠코너, 입체 TV코너 등)
- 5층(미니박물관, 라디오 스튜디오, 아나운서코너)
- 소요시간 : 40~50분
- 견학가능 시간 : 09:30~17:30(17:00까지 입장)
- 휴 관 일 : 명절(신정, 설, 추석)연휴, 정기휴관일(매월 첫째주 월요일)

□ 신청방법

홈페이지 신청 :http://office.kbs.co.kr/hall

- 11인 이상 단체의 경우 반드시 인터넷 예약 후 관람 가능
- 개인(10인 이하) 예약 없이 관람 가능

□ 주의사항

- 견학홀 내 음식물 반입 제한 함
- 힐리스(바퀴 달린 신발)를 신고 입장할 수 없음.
- 안내데스크에서는 방문객의 귀중품을 보관하지 않음.
- 휠체어(2대)가 준비되어 있음. (필요하면 해설원에게 문의)
- 견학시 방송이 진행중인 스튜디오 근처에서 사진촬영을 지양(플래시사용금지)
- 여행사를 통한 외국인 견학 가능함(단, 홈페이지를 통한 예약 필수)
- 영어, 일어 리플렛 있음.

상시견학여부	견학시설(영어)	안내원(영어)	비용
0	0(0)	0(x)	무료

□ 주변관광지

(1) 여의도 공원

뉴욕에 센트럴파크, 런던에 하이드파크가 있다면 서울에는 여의도공원이 있다. 27년간 검은 아스팔트로 뒤덮여 있던 여의도 광장이 숲과 잔디, 물이 어우러진 도심공원으로 새롭게 태어났다. 1997년 4월 10일 공원화를 위한 첫삽이 떠올려진 이후 1998년 10월 31일부터 부분적으로 공개되었고 1999년 2월 완전히 개장되었다. 여의도공원은 도심에서 쉽게 자연을 접할 수 있는 녹색공간으로 어린이에서 노인에 이르기까지 모든 시민들이 여가와 휴식, 산책과 운동뿐만 아니라 각종 문화행사를 즐길 수 있는 장소이다.

(2) 한국전통의 숲

이곳은 우리나라에서 자라고 있는 나무들만 심은 한국전통의 숲이다. 연못과 계류, 팔각정(여의정), 사모정 그리고 오솔길도 있어 고향의 정취를 느낄 수 있다. 마을을 지키기 위하여 동네 어귀나 뒷동산에 나무를 심고 보호 관리해온 관습이 재현된 곳이다.

(3) 잔디마당

낮은 언덕을 이루는 잔디밭과 산책로, 연못 주변에서 시민들이 산책을 하거나 잔디밭에서 편히 쉴 수 있는 곳이다. 잔디밭 주변에는 상록수와 낙엽수를 심어 개방감과 계절의 변화를 느낄 수 있도록 하였다.

(4) 자전거도로, 산책로

공원 외곽을 순환하도록 만들어진 자전거도로와 산책로는 녹지로 분리된 쾌적한 도로로서 아침운동을 즐기는 많은 시민들이 자전거타기뿐만 아니라 산책로나 조깅코스로 활용할 수 있다. 또 여의도 한강둔치와 지하보도로 연결되어 있어 보다 더 효율적으로 이용할 수 있다.

(5) 문화의 마당

각종 공연과 집회 등 시민 모두가 한마음으로 참여할 수 있는 문화행사가 개최되는 열린마당이다. 광장 주변의 큰 느티나무로 그늘을 만들어 편히 쉬면서 대화를 나눌 수 있으며 길거리농구, 롤러스케이트, 배드민턴 등 가벼운 운동도 함께 즐길 수 있다. 광장 한편에는 나라를 사랑하는 마음과 우리민족으로서의 긍지를 다시 한번 생각하게 해줄 50m의 대형 태극기 게양대가 있다.

(6) 자연생태의 숲

도심 속에서 자연을 관찰하고 학습할 수 있는 자연생태의 숲은 생물의 다양성을 체험할 수 있는 생태연못과 숲으로 이루어진 것이다. 도심 속에서 자연생태계의 구조와 기능이 재현되도록 조성하게 되었으며 연못을 중심으로 습지, 수변, 초지, 숲으로 이루어진 다양한 환경을 조성하여 여러 종류의 생물이 살 수 있도록 하는 것이다.

습지 곤충이 살 수 있는 수생(수중. 수변) 식물과 육상 곤충이 살 수 있는 다양한 야생초화류, 조류 서식을 유인할 수 있는 유실수 및 키 큰 나무와 키 작은 나무가 어우러져 여러 층의 숲 모양을 이룬 생물 서식 환경을 조성하였다.

- 위　　치 : 서울 영등포구 여의도동 2
- 문의/안내 : 여의도공원 관리사업소 02-761-4078~9

기타 주변관광지

선유도공원

63빌딩 : http://www.63.co.kr/

국회의사당

바. [KBS 수원센터]

□ 개　　요

KBS는 드라마 제작과정에 대한 시청자들의 관심과 이해를 돕기 위해 수원센터에 전문 가이드에 의한 촬영장 견학프로그램을 운영하고 있다. 촬영의 무대가 되는 스튜디오·오픈세트장 등 제작시설 중심의 현장견학으로 방송의 생생한 현장을 체험하고 학습할 수 있는 좋은 견학장소이다. 참고로, KBS 수원센터 '야외촬영장' 은 KBS에서 자체적으로 운영하는 견학 프로그램 외에도 수원시에서 운영하고 있는 <수원시티투어>를 통해 일반인에게 개방하고 있다.

<그림 Ⅱ-5> KBS 수원센터 내부

▪ <수원시티투어>는 수원시 공식지정 문화관광 상품으로, 세계문화유산 '화성' 과 KBS수원센터의 '야외촬영장 ' 을 연계한 지역문화 체험 프로그램이다.

□ 회사소개

▪ 위　　치 : 경기도 수원시 팔달구 인계동 468
▪ 홈페이지 : http://suwon.kbs.co.kr 촬영장견학
▪ 전화/팩스 : Tel:031)219-8027 / Fax:031:219-8029

□ 견학시설

오리엔테이션 → TV스튜디오 → 드라마갤러리 → 오픈세트장

▪ 소요시간 : 1시간

▪ 견학가능 시기 및 시간 : 월 10:00/15:00, 화-금 10:00/ 13:30/ 16:30(약 1시간 소요) 국경일, 공휴일 휴관

▪ 견학대상 : 전 연령

□ 신청방식

- 홈페이지에서 견학 신청(월~금)

- 홈페이지에 단체견학 신청 후 공문서식을 다운받아 견학 희망일을 기준으로 최소 일주일 전까지 공문접수가 확인 되어야만 예약이 완료

□ 참고사항

▪ 사전 통보없이 견학 당일 불참한 경우 향후 재예약 불가

▪ 방문시간 엄수(20분 이상 지연 시 자동 취소)

▪ 인솔책임자가 반드시 동행하여함

▪ 견학 시 반드시 안내자의 지시에 따라줄 것

▪ 음식물은 반입이 안 됨

상시견학여부	견학시설(영어)	안내원(영어)	비용	버스지원여부	수용가능인원
x	O(X)	O(X)	무료	x	최대30

□ 주변 관광지

(1) KBS 수원센터와 차로 15~20분 거리에 위치한 수원화성은 1997년 12월 6일 유네스코로부터 세계문화유산으로 지정 받았으며, 사적 3호이다. 축성기록을 담은 <화성성역의궤>는 2007년에 세계기록문화유산으로 등록되었다.

수원화성은 다산 정약용이 발명한 거중기 등 근대적 기구의 활용, 백성들의 생활터전을 고려한 애민정신과 공사에 참여한 모든 임부들에게 임금

을 지불한 역사적 사실로도 의미가 있는 곳이다.

- 위　　치 : 경기도 수원시 팔달구 행궁길 185
- 홈페이지: 수원화성 관리사무소 http://hs.suwon.ne.kr
- 문　　의: 수원화성 관리사무소 031)228~4678

기타주변관광지

사. [포스코]

□ 개요

포항제철소는 60년대 농업 중심의 1차 산업에서 중화학공업을 육성하기 위해 1970년부터 1981년까지 영일만에 세워졌으며, 역사적으로도 의미가 깊은 곳이다. 포스코 역사관을 통해 30년이라는 짧은 기간에 세계에서 가장 경쟁력 있는 회사로 성장한 포스코의 역사와 함께 제철에 대한 유익한 공부를 할 수 있다. 무엇보다 역사관에서 나와 버스를 타고 거대한 제철소의 실제모습을 견학하는 코스는 인센티브투어 목적지로 많은 인기를 얻고 있다.

□ 회사소개

- 위치 : 경상북도 포항시 남구 동촌동 포항종합제철 포스코 홍보센터
- 홈페이지 : www.posco.co.kr
- 문의전화/팩스 : 054)220~1114 /054-220-0899

□ 견학코스

홍보영화(외국어 선택 가능), 제철소 관람

- 소요시간 :약 1시간
- 견학가능 시간 : 월~금 09:00~16:00(설날, 추석연휴 제외)
- 견학대상 : 전 연령

□ 신청방식

▪ 인터넷 신청(관광목적만 가능) :www.posco.co.kr

▪ 견학 희망일로부터 최소 3일 전까지 인터넷 예약 후 협조공문 요망

□ 참고사항

▪ 여행사를 통해 신청시 견학자의 직업이 포함된 인적사항 반드시 기재 (국적, 방문목적, 성명, 여권번호, 담당인솔자 성명, 연락가능번호, 메일 기재 요망)

▪ 공장설비 자체가 기술이므로 관련업계 종사자 견학불가

▪ 안내 가이드 활용시 사전 연락

▪ 간편한 복장(슬리퍼 지양), 유아 동반 시 안전 유의

▪ 사진촬영 금지, 역사관은 따로 사전 예약해야 함

상시견학 여부	견학시설 (영어)	안내원 (영어)	비용	버스지원 여부	수용가능인원
x	O(0)	O(0)	무료	x	주중: 시간당관광버스30대 주말: 시간당관광버스5대

□ 주변 관광지

(1) 환호 해맞이공원

포스코와 6.82m 거리에 위치한 환호해맞이공원은 총 면적 51만 6779㎡에 이르는 공원으로 시민의 보건과 휴양 및 정서 함양을 위해 조성됐다. 첨단과학과 해양 문화체육 등 공원을 여러 테마로 나눠어 꾸민 것이 특징이다.

▪ 위　　치 : 경북 포항시 북구 환호동

▪ 문　　의 : 환호해맞이공원 관리사무소 054-270-5561

기타 관광지

▪ 죽도시장 :http://www.jukdosijang.kr/

아. [포스코 역사관]

□ 개 요

철강 불모지에서 30여 년이라는 짧은 기간에 세계에서 가장 경쟁력 있는 회사로 성장한 포스코의 성공 역사는 포스코인들이 온갖 역경과 싸워 이룩한 결과라는 것을 체계적으로 정리하여 이를 통해 역사관을 방문하는 젊은이들에게 꿈과 희망을 줄 수 있는 산 교육장이 될 것으로 기대한다. 일반 방문객들에게는 열악한 환경 속에서 인간의 노력으로 어떠한 결실을 맺을 수 있는지 포스코의 역사를 통해 체감할 수 있게 하고, 임직원들에게는 '우리가 무엇을 했다는 것도 중요하지만 그와 더불어 앞으로 해야 할 것이 무엇인지'를 느낄 수 있게 하며, 포스코가 이루어낸 자랑스러운 대역사가 과거의 것이 아니라 현재이며 미래라는 메시지를 포스코 역사관에 담아내는데 최선을 다하고 있다.

<그림 Ⅱ-6> 포스코 역사관

□ 회사소개

- 위치 : 경상북도 포항시 남구 괴동동 1
- 홈페이지 : http://museum.posco.co.kr
- 전화/팩스 : tel: 054)220~7720,7721/ fax:054)220~7729

□ 견학일정

- 견학시설 관람 : 창업기, 포항 건설기, 대역사 완성 이후, 청암관 등
- 소요시간 :1시간 내외(관람객의 요청에 따라 약간의 시간조정 가능)
- 견학가능 시기 및 시간 :평일 09:00~18:00/ 토요일 10:00~17:00

일요일, 국공휴일 견학 불가

- 견학대상 : 중학생이상

□ 신청방법

- 홈페이지, 전화, 팩스로 신청 가능
- 방문 희망일로부터 최소 2일전까지 신청
- 신청시 개인·단체명, 일시, 인원, 차량대수, 연락처를 기재해야 함

□ 주의사항

- 여행사 통한 견학신청 가능
- 예약시간에 맞춰서 역사관에 도착하면 해설사 대기

상시견학여부	견학시설(영어)	안내원(영어)	비용	버스지원여부	수용가능인원
0	O(0)	O(0)	무료	x	최대100

□ 주변 관광지

포스코 역사관에서 차로 40~50분 거리에 위치한 포항시 남구에 위치한 호미곶 등대는 1903년 준공한 높이 26.4M, 광달거리 22마일(35.4KM)에 달하는 등대다. 등대 바로 옆에 개관한 '국립등대박물관'은 각종 항로 표시기기와 항만 해운의 역사, 항로 표지를 대표하는 등대의 모든 것을 보여주는 곳이다.

홈페이지: www.lighthouse-museum.or.kr

문의: 국립등대박물관 054) 284 - 4857

기타 주변관광지 : 포항 죽도시장

자. [현대제철 당진공장]

□ 개 요

현대제철 당진공장은 총면적 635만㎡규모로 크게 A지구와 B지구, 그리고 제철소 건설을 위한 C지구로 나눠진다. A지구는 연산 120만톤 철근공장과 철 스크랩을 원료로 해 열연강판을 생산하는 A열연공장으로, B지구에는 연산 300만톤의 B열연공장으로 구성되어 있다. C지구는 고로를 포함한 일관제철소 건설이 진행되고 있다.

당진공장의 조강생산능력은 300만톤이며 철근, 열연강판 등 제품 생산능력은 600만톤의 체제를 갖추고 있다. 향후 일관제철소 건설이 완료되면 현대제철의 재도약과 철강산업의 역사를 새롭게 쓰게 될 것이다.

□ 회사소개

- 위　　치 :충청남도 당진군 송악면 고대리 167-32
- 홈페이지 : www.hyundai-steel.com
- 전화 : (견학담당자) 041-680~1204
- Fax : 041- 680~1299

□ 견학일정

현대제철 당진공장에 대한 프레젠테이션 → 현장 견학

- 소요시간 : 1시간~ 1시간 30분
- 견학가능 시기 및 시간 : 월~금(공휴일, 당사 휴무일 제외)
- 견학대상 : 초등학교 4학년~ 65세

□ 신청방법

- 홍보팀으로 문의 후 fax(041-680-1299)로 공문 접수

□ 참고사항

- 여행사 견학 신청 시 여행사 명이 아닌 방문 단체명으로 견학 신청요

망

▪ 외국인 견학시 통역 및 관계여부 등 내부 상의 후 가능함

상시견학여부	견학시설(영어)	안내원(영어)	비용	버스지원여부	수용가능인원
x	O(X)	O(X)	무료	x	10명~최대50

□ 주변관광지

(1) 안섬휴양공원

현대제철 당진공장과 차로 10여분 거리에 위치한 안섬휴양공원은 MBC-TV 드라마 <갯마을>의 촬영지로 알려진 안섬에 위치하고 있다. 안섬의 바로 앞에는 시녀섬이, 150m 전방에서는 쌍바위섬이 밀물과 썰물에 따라 나타났다 사라지는 숨바꼭질을 거듭하며 관광객들의 눈길을 모으고 있다.

홈페이지: www.ansum.com

문의: 041)355~7118-9

기타주변관광지 - 당진 태신목장, 필경사

차. [현대자동차 아산공장]

□ 개 요

수출전략형 승용차를 중점적으로 생산하고 있는 현대자동차 아산공장은 프레스, 차체, 도장, 조립 공장과 엔진 및 소재공장 등 연간 30만대 규모의 중대형 승용차를 생산할 수 있는 완전 자립형 승용차 전문 생산 공장이다.

사람 중심의 안전한 작업환경 조성과 환경 친화적 기업이념의 실천을 위하여 아산공장은 작업자에 대한 세심한 배려와 환경보호를 위해 각별한 노력을 기울이고 있다. 또한 공장 내부는 일반 공장시설에 대한 고정관념을 뛰어 넘어 '색 파괴'라 일컬을 만큼 밝은 색으로 공장 분위기를 쇄신하였고, 작업환경의 질이 자동차의 품질이라는 신념으로 최적의 작업환경을

조성하기 위한 각종 작업 편의시설을 설치하였다.

□ 회사소개

- 위　　치 : 충남 아산시 인주면 금성리 123번지
- 홈페이지 : www.hyundai.com
- 전화/팩스 :041)530~5126~9/ 041) 530 5090

□ 견학시설

- 견학일정 : 공장브리핑→공장견학
- 소요시간 : 약 1시간 소요
- 견학가능 시간 :월~금 10:00~11:00, 13:00~15:30(1일 2회 운영)
- 견학대상 : 초등학교 5학년 이상

□ 신청방법

1) 홈페이지 (www.hyundai.com)견학신청

2) 단체

- 최소 30명~ 최대 200명까지 신청 가능함
- 단체신청의 경우 버스단위만 견학가능
  (승용차 및 승합차량 이용한 견학 불가능함)
- 방문객 중 외국인이 있을 경우, 유선통화 후 신청바람
- 신청희망 단체에서 직접 신청해야 함
- 3~6월, 9~11월은 방문 증가로 혼잡이 예상되니 미리 접수

3) 개인

- 12인 이하 개인 및 가족단위도 신청 가능
- 동반자녀 중 키 130cm 이하 내지 초등학교 5학년 이하일 경우 견학현장이 잘 보이지 않고, 위험 할 수 있기 때문에 견학이 어렵지만, 부모님 한 분당 자녀 두 분일 경우에는 가능함
- 당일 접수 및 주말, 공휴일 견학은 불가능 함

□ 참고사항

- 공장 내 사진촬영 및 촬영장비 반입 금지
- 견학신청 접수가 완료되면 문자메시지나 메일 또는 전화를 드림
- 당사 사정에 의해 변경 혹은 취소될 수 있음

상시견학여부	견학시설(영어)	안내원(영어)	비용	버스지원여부	수용가능인원
x	O(0)	O(0)	무료	x	최대200

□ 주변관광지

(1) 현충사

현충사는 충무공 이순신장군의 사당으로, 1706년 숙종 32년에 처음 세워졌으며, 이듬해 숙종이 친히 현충사란 이름을 내렸다. 1932년 일제 때에 이충무공 유적보존회가 결성되어 사당을 다시 지은 후, 1966년부터 1974년까지 정부에서 성역(547,297제곱미터)을 크게 확장하고 성역화하여 온 국민의 성지로 다듬었다. 본전 내에는 이순신장군의 영정과 일생 기록화인 십경도가 있으며 국보 제 76호인 난중일기 등과 보물 제 326호 장검 등이 전시된 유물관, 이충무공이 살던 옛집, 활터, 정려 등이 경내에 있다. 또한, 현충사에서 서북쪽으로 9km 거리인 음봉면 삼거리 어라산에 충무공 묘소가 있다.

- 위　　치 : 충남 아산시 염치읍 백암리 100번지
- 문　　의 : 문화관광부 현충사관리소 041-544-2161

□ 기타관광지 - 봉곡사, 세계 꽃 식물원, 아산 스파비스

카. [르노삼성자동차 부산공장]

□ 개요

르노삼성자동차 부산공장은 입지, 설비, 인력, 제조기술 등에서 세계적인 경쟁력을 갖춘 공장이다. 연간 30만대의 생산능력을 갖춘 최첨단 미래형 공장으로 최신 제조설비, 엄격한 품질관리체제, 쾌적한 환경과 함께 세

계 최고의 제품을 만들고자 하는 직원들의 열정이 르노삼성자동차의 탁월한 제조기술을 가능하게 해준다.

□ 회사소개

위치 : 부산광역시 강서구 신호동 185 르노삼성자동차

홈페이지 : http://www.renaultsamsungm.com

전화/ 팩스 : 051)979-7000/ 051-979-7130

□ 견학시설

- 소요시간 : 1시간 ~1시간 30분
- 견학가능 시기 : 월~금(공휴일, 주말 견학 불가)
- 견학가능 시간 : 10시~12시, 13시~ 15시30분 (1일2회 운영)
- 견학대상 :20인 이상의 단체(전연령)
- 개인견학의 경우는 여름, 겨울 방학기간에만 운영 됨

□ 신청방식

- 견학 2개월 전 전화 또는 인터넷 예약(접수후 반드시 전화확인 필요함)
- 동종업계는 심의를 통해 결정

□ 참고사항

- 여행사 통한 견학신청 가능(단, 중국인 내방불가)
- 안내 가이드 활용 시 반드시 해당 외국어 가이드 대동 요망
- 카메라, 휴대폰은 반드시 보관함에 보관 요망

상시견학여부	견학시설(영어)	안내원(영어)	비용	버스지원여부	수용가능인원
x	O(X)	O(X)	무료	x	최소20~최대180

□ 주변 관광지

(1) 을숙도

르노삼성자동차 부산공장에서 차로 5~10분 거리에 위치한 국가지정 천연기념물 제179호인 낙동강 하구의 을숙도와 부산시 강서구 명지동 일대는 낙동강의 강물과 남해의 바닷물이 만나는 곳으로 고니, 청둥오리, 도요새, 가마우지 등의 물새가 주종을 이룬다.

-문의: 051)970~4061

(2) 기타주변관광지 : 부산신항만(www.pncport.com), 자유구역청등(www.bjfez.go.kr)

타. [기아자동차 소하리 공장]

□ 개 요

일괄 생산 체제로 이루어진 국내 최초 종합 자동차 공장으로 18만평의 면적에 연간 생산능력은 35만대이다. 주요 생산 차종은 프라이드, 카니발, 오피러스이다.

□ 회사소개

- 위치 : 경기도 광명시 소하동 781-1
- 홈페이지 : www.kia.co.kr
- 전 화 : 02)801~3009
- 팩 스 : 02)801~4255

□ 견학일정

정문→강당, 목련실(공장소개 및 홍보영상)→라인견학(프레스-차체-프라이드-카니발)

- 소요시간 : 40분 ~ 60분
- 견학가능 시간 : 평일 10:30~11:30, 14:00~15:00 (주 2회)
  (공휴일 및 회사 규정에 따른 휴무일은 제외)

▪ 견학대상 : 성인

□ 신청방식

▪ 홈페이지신청: www.kia.co.kr

▪ 전화신청 : (02-801~3009) 평일 08:30~17:30

□ 참고사항

▪ 교육기관(실업계 관련학과 3학년 이상)

▪ 각종단체, 공공기관(여행사 상품 패키지 투어제외)

▪ 개인 견학 불가

▪ 외국인의 경우 국적에 따른 견학제한 가능

상시견학여부	견학시설(영어)	안내원(영어)	비용	버스지원여부	수용가능인원
x	O(X)	O(X)	무료	X	최대100

□ 주변관광지

(1) 충현박물관

기아자동차 소하리 공장에서 차로 10~15분 거리에 위치한 광명시 소하2동의 이원익선생 유적지는 관감당과 오리영우 등의 건물과 충현서원터가 남아 있다.

조선시대의 명신(名臣)이자 청백리로 이름 높던 오리(梧里) 이원익의 종가로 2003년 이후에는 충현박물관으로 개장했다.

이원익은 조선 중기의 문신으로 자는 공려(公勵), 호는 오리이고, 본관은 전주, 시호는 문충(文忠)이다. 1569년(선조 2) 별시문과에 병과로 급제한 뒤 승문원정자·호조좌랑·예조좌랑 등을 거쳐 안주목사·평안도관찰사·영의정 등을 지냈다.

이원익은 관직에서 물러나 이곳에서 살았는데, 1630년(인조 8)에 2칸 초가인 이원익의 집에서 비가 새자 왕이 새 집을 하사하였다. 1658년(효종 9)에는 집터에 사당을 짓고 충현서원(忠賢書院)으로 사액되었으나, 뒤에 서원은 훼철되었다.

1916년에는 옛 집터에 관감당을 새로 짓고 이듬해에는 안채, 1940년 무렵에는 문간채를 새로 세웠다.

종택은 충현서원 안에 남향으로 자리 잡고 있는데 'ㄱ'자형 안채와 'ㄱ'자형 문간채가 안마당을 중심으로 'ㅁ'자형으로 배치되어 있고, 일자형 사랑채인 관감당이 그 옆에 따로 떨어져 있다. 안채는 13칸 반 규모의 집인데 건넌방 2칸, 대청 3칸, 안방 2칸을 일렬로 배치하고 안방 앞쪽에서 꺾여 부엌 3칸과 온돌방 1칸이 있다. 13칸 규모의 문간채는 대문간 좌우에 온돌방과 부엌, 광이 있다. 일부 현대식으로 고친 부분도 있으나 대체로 경기 지역 살림집의 모습이 잘 갖추어져 있다. 특히 그의 영정을 보관하고 있는 오리영우는 경기도 유형문화재 제161호로, 관감당은 경기도 문화재자료 제90호로 지정되어 있다.

※ 방문 예정일 이전에 홈페이지를 통해 사전 예약하면 해설사의 설명을 들을 수 있다.

- 위　　치 : 경기도 광명시 소하 2동 1085-16
- 홈페이지 : http://www.chunghyeon.org/
- 문　　의 : 02)898-0505
- 이 메 일 : manager@chunghyeon.org

(2) 기타주변관광지

- 영회원 : 02-2680-6142
- 가학동지석묘: 02-2680-6142

3. 구미주 산업관광의 현황

1) 구미주 산업관광

가. 구미주 산업관광의 흐름과 정책

▪ 대부분이 유산관광형태(heritage tourism)이며, 산업시찰형 관광은 사회적 책임 전략으로 민간기업의 주도하에 다양하게 전개되고 있다.

▪ 1960년대 말 석탄, 철강, 방직 등의 중공업이 쇠퇴하면서 사양 산업지역 활성화를 위한 정책으로 산업유산관광을 도입하였다.

▪ 산업관광지 방문관광객의 주요동기는 향수(nostalgia), 새로움(novelty), 교육(education) 등이며, 고용확대와 지역서비스 확충을 목적으로 산업유산관광은 유럽 전 지역에서 비슷한 시기에 부흥하였다.

▪ 유럽연합 단위로 유럽의 산업유산을 보존하고 단일 관광지 개념으로 유럽산업유산 관광 진흥을 위해 제도 제정 및 협력 정책을 수립하고 있다.

▪ 2003년 국제산업유산보존위원회(TICCIH)는 러시아에서 제12차 총회를 개최하여 산업유산의 연구, 정리, 분류 및 해석을 위한 국제기준의 ‘니주니타길 헌장’ 을 채택하였다.

▪ 2007년 유럽의회는 EU 관광정책의 개선방안 회의에서 산업유산의 진흥과 보존하는 내용으로 유럽연합을 단일 관광지로 진흥시키고 유럽여행위원회, 각국 국가 관광진흥기구, 민간업체와 협력하기로 했다.

▪ 유럽 문화관광 활성화를 위해 ‘유럽유산레이블’ 인증제 개발, 유럽 유산의 해 제정, EU지원 자금 사용 등의 정책안을 수립하고 있다.

▪ 유럽의 산업유산지들을 연결하여 관광화를 시도하며 EU기금 지원을 받아 공동으로 마케팅 전략을 개발하고 협력프로젝트를 진행하고 있다.

▪ 유럽 내 산업유산의 네트워크로서 지역 사양 산업의 재활성화, 산업유산에 대한 시민들의 인식 향상을 목적으로 한 ‘유럽 산업유산지 루트(ERIH)가 유럽기금을 지원받아 개발되고 있다.

▪ 산업유산지 루트는 10가지 테마로 구분되며, 주요 사업목적은 ERIH를

자체 브랜드화하고 국가 간의 경험을 공유하며 공동 마케팅전략을 개발하여 산업유산을 보존하는 프로젝트를 진행하고 있다.

2) 구미주 산업관광의 사례 및 주요시설

가. 하이네켄 박물관

1864년에 설립되어 현재 170여 개국에 진출해 있는 하이네켄은 년간 1억1천만 헥토리터의 맥주(우리나라 5년 6개월분의 소비량)를 생산하며 6만 여명의 종업원을 거느리고 있는 세계적인 주류회사이다.

1863~1988년까지 하이네켄 양조장으로 사용되던 건물을 개조하여 2001년 하이네켄 익스피리언스로 새롭게 선보였다. 입장할 때 녹색 팔찌와 두 개의 버튼을 주는데 버튼의 개수만큼 맥주를 받을 수 있다.

다양한 영상과 소품, 맥주조정 시설 등을 이용하여 관람객이 그 과정을 더욱 잘 이해하고 흥미를 가질 수 있게 한다. 또한 박물관 안에 마련된 맥주 바에서 하이네켄 맥주도 시음할 수 있다. 하루에 5번 정도 공장 투어가 있으며, 1시간 반 동안 가이드를 따라 하이네켄 맥주회사의 역사와 그 제조과정 등을 견학할 수 있다.

입장료만 내면 견학이 끝난 후에 공장에서 막 만들어낸 맥주를 가벼운 안주와 함께 서너 잔 정도 무료로 시음할 수 있다. 기념품점을 거쳐 출구에서는 모든 입장객에게 하이네켄 글라스를 선물로 나누어 주고 있다.

나. 캐드버리월드

공장 견학형 테마파크로 체험을 통해 소비자의 가치를 이해하고 자사의 상품의 정보를 제공하고 있다.

캐드버리월드는 영국 버밍햄에 위치하며 영국 최대의 '공장 견학형 테마파크' 로서 미드랜드지역의 관광협회와 공동 마케팅으로 2008년 영국 내 최고 관광지로 선정되었다.

제품 관련 양방향 전시품, 3D 영화, 식당, 카페, 기념품판매소, 테마공간 및 시설, 이벤트, 교육관광상품 등으로 기술, 경제, 사회 문화적 측면과 융합한 정보를 제공하고 있다.

학생 및 일반관광객 뿐만 아니라 휠체어 사용자, 장애인을 위한 시설과 프로그램을 별도로 운영하고 있다.

다. BMW박물관

뮌헨 올림픽의 역사성을 상징하고 자사의 자동차를 홍보하기 위해 올림피아 파크에 건설하여 기업관련 기술 및 제품을 전시하고 있다.

BMW의 과거, 현재, 미래 자동차 기술에 대한 발전사에 관한 전시이며 자동차에 관한 부품, 오토바이, 자동차 변천사 등의 콘텐츠로 연평균 약 25만 명이 방문하였다.

전 연령층에 맞춘 다양한 프로그램, 학교 교사를 대상으로 정보 제공 또는 트레이닝을 하는 프로그램을 운영하며 음식점, 기념품점 등 편의시설이 설치되어 있다.

라. 아우토슈타트

기업홍보, 제품판매, 관련 정보 교육, 편의 제공 등의 기능이 어우러진 콤플렉스 단지를 운영하고 있다.

독일 볼프스부르크 도시 내에 폭스바겐 자동차 공장과 테마파크 이미지의 아우토슈타트 단지를 도입하여 기업 제품을 효과적으로 판매 및 홍보하고 있다.

기업 관련 제품 전시, 판매, 교육, 체험, 숙박, 편의 등의 복합적 기능을 갖춘 콤플렉스 단지이다.

단지 활용을 위해 드라마 및 영화 촬영 배경장소로 협찬하며 콘서트, 워크샵, 강의 공간을 제공해주고 지역주민을 위한 영화 상영 이벤트를 개최하고 있다.

마. 메이드인앙제르

산업관광을 위한 기업 개방화를 유도하고 지역관광을 선도하는 기업과 지역간의 의사소통을 목적으로 한 프로그램을 운영하고 있다.

프랑스 앙제르는 유네스코 세계문화 유산으로 등록된 지역으로서 “메이드인앙제르” 프로그램을 활용하여 공공·민간 협력을 위한 “비즈니스 디스커버리 투어리즘(Business Discovery Tourism)”을 지향하고 있다.

지역의 경제적 성장과 커뮤니케이션을 목적으로 하고 있으며 지역당국, 지역관광사무소간의 파트너십 체계로 운영되고 있다.

기업에 공공재원을 지원함으로써 산업관광 관련 행사의 스폰서 역할을 하고 기업간의 중심이 되어 기업 정보 개방을 유도하고 있다.

바. 포르쉐(Porsche) 박물관

포르쉐 박물관은 포르쉐 본사 부근 슈트트가르트 주프하우젠(Stuttgart-Zuffhausen) 에 위치하고 있다. 포르쉐 박물관은 포르쉐의 지난 100여년간 역사 자료와 기업의 철학을 반영한 역동적이고 끊임없는 진보를 의미하는 새로운 박물관을 2009년 1월에 건립하였다. 규모는 28,000㎡이고, 델루간 마이시(Delugan meissi) 건축가가 디자인 하였다.

백색의 순수함을 가진 4층 규모의 전시공간은 80개 이상의 서로 다른 형태와 색깔로 이루어져 있고 자동차 전시를 고려하여 다이나믹하게 연출된 거대한 내부 전시공간은 포르쉐자동차와 모터스포츠의 역사 그리고 다양한 콘텐츠 들이 흥미진진하게 전시되어 있다. 로비에서 시작되는 내부공간은 경사진 엘리베이터를 따라 이동 할 수 있으며 1층은 숍과 레스토랑, 2층은 도서관, 사무실, 자료실이 마련되어 있다. 3층과 4층은 넓은 전시장이 두 개 층에 걸쳐서 거대한 테라스식 아레나로 구성되어 있다.

포르쉐의 역사와 제품이 테마공간을 통해 한눈에 볼 수 있고, 전시공간의 컨셉은 포르쉐 아이디어, 생산연혁, 테마공간 등으로 구성되어 있다.

자료실은 2,000㎡ 공간에 기업의 역사, 미디어자료, 250만개 이상의 자동차분야 이미지와 3000여권의 자동차관련 서적을 갖춘 도서관이 마련되어 다양한 이용객들에게 공개하고 있다. 이벤트 전용구역인 상부는 박물관과 별도로 운영되며 훌륭한 전망을 자랑한다. 이벤트 존에서는 신차 런칭쇼나 프리젠테이션으로 활용되며 카페, 레스토랑, 숍 등이 갖추어져 있다.

<그림 Ⅱ-7> 포르쉐 박물관

유럽의 산업관광은 유산관광형태(heritage tourism)가 주를 이루고 있으며 산업 시찰형 관광의 경우 사회적 책임(corporate social responsibility)전략의 실행으로 민간 기업의 주도하에 다양하게 전개되고 있다.

1960년대 말 유럽 산업혁명의 선두주자였던 유럽의 전통적 산업지역들이 쇠퇴하기 시작하였다. 이러한 산업으로는 석탄, 철강, 방직 등의 중공업들이다. 유럽의 각국들은 이러한 사양 산업 지역의 활성화를 위한 정책으로서 산업유산관광을 도입하려는 노력을 기울였다.

산업관광지를 방문하는 관광객들의 주요 방문동기로는 향수(nostalgia), 새로움 (novelty), 교육(education)등이며 유산 관광지들은 다양한 계층의 관광객들을 유치하여 사양 산업 지역의 고용확대와 지역서비스의 확충을 목적으로 하고 있다.

따라서 산업유산관광의 경우 유럽의 전 지역에서 비슷한 시기에 빅뱅과 같이 동시 다발적으로 시작되었으며 대표적인 사례로는 영국, 독일, 네덜란드, 벨기에, 오스트리아, 프랑스, 스페인, 이태리 등이 있다.

최근에는 유럽 내 산업유산관광네트워크(European network of industrial heritageand tourism-WEIKU)와 유럽 산업유산지 루트(European Route of Industrial Heritage-ERIH)가 유럽기금(European fund)을 지원받아 개발되고 있다.

또한 국제산업유산보존위원회(TICCIH)는 2003년 7월 러시아 니주니타길에서 제12차 총회를 개최하였으며 이 회의에서는 산업유산의 연구, 정리, 분류 및 해석을 위한 국제기준을 담은 니주니타길 헌장(The Nizhnym Tagil Charter for the Industrial Heritage)을 채택하였다.

2007년 11월에 모인 유럽의회에서는 유럽관광의 강력한 파트너십을 통한 EU관광 정책의 개선방안에 관한 회의가 개최된 바 있다. 회의의 주요 내용 중 산업 유산의 진흥과 보존에 관한 내용이 포함되어 있으며 유럽의회는 유럽을 단일 관광지 형태로 진흥하고 유럽 여행 위원회, 각국의 국가 관광 진흥기구 및 민간 업체들과 협력하여 다양한 유산 관광지로 개발한다는 내용을 담고 있다.

유럽의회는 문화관광의 활성화를 위해 현재 유럽 문화 루트 위원회 또는 유럽 문화유산 등과 같은 단체들의 유럽 유산 레이블(European Heritage label)과 같은 인증제 개발을 독려하였으며 향후 '유럽 유산의 해'를 제정하여 관련 사업들을 진행 하는 것에 대한 논의도 하고 있다. 또한 유산 관리를 위해 EU지원 자금을 사용할 수 있도록 각 회원국에 지원 유럽정책 EU안을 수립하고 있다.

유럽 산업 유산지 루트(ERIH)는 유럽 내 산업유산의 네트워크로서 지역 사양 산업의 재활성화, 산업유산에 대한 시민들의 인식을 향상시키기 위한 목적을 가진 기구이다. 루트는 기존의 사양 산업 지역, 도시 및 유산지를 관광산업을 통해 활성화하여 유수 관광지로 탈바꿈하려는 시도를 하고 있는 좋은 예라고 하겠다.

루트는 유럽연합 산하 유럽지역개발기금(INTERREG IIC)으로부터 지원을 받아 사업을 진행하고 있다. 유산지 루트에는 10가지의 테마로 산업유산을 구분하고 있는데 세부적으로는 광업, 철강, 방직, 제조업, 에너지 교통 및 통신, 물 관련, 주택 및 건축물, 조경, 서비스 및 레저산업을 포함하고 있다.

주요 사업목적으로는 루트를 자체브랜드화를 위해 노력하고, 이에 따른 브랜딩 전략을 실행하고, 둘째로 유럽국가들간의 경험을 공유하는 한편 공동 마케팅전략을 개발하여 다국적 산업유산보존 및 마케팅전략을 추진하는 국경 없는 루트화 프로젝트를 진행하고 있다.

3) 주요정책

(1) 브랜딩 전략

- 루트의 브랜드화, 품질인증/보증제 전략 실행
- 공통 루트 네트워크 디자인 개발, 공동 로고 사용 등
- 품질 인증 마크 개발
- 주요 산업유산지의 사인 개발
- 주요 산업유산지를 브랜드 정체성과 전략 : 주요 산업 유산지, 역사적 중요성, 엔지니어링 품질, 유산해설 강화, 관광 인프라 구축(정규 관람시간, 방문객 센터건설, 관광 정보 제공, 이벤트 개최, 기타 기초 인프라 구축, 다양한 언어로 해설 및 정보 제공)

(2) 마케팅 전략

- 홍보전략, 지역별·국가별 코디네이터 선정, 다양한 언어로 홍보용 책자, 웹사이트 구축, 관광전시회 참가, 특색 있는 지역 주제 루트 개발, 유산지역내 관광산업체 등의 지역 업체와 단체들과의 파트너십 구축, 산업유산 인식제고를 위한전략 구상

□ 주제별 브랜드슬로건 개발

- 광업: 우리 지구의 유산(The Assets of Our Earth)
- 철강: 타오르는 용광로의 폭발(Blast Furnaces Glowing)
- 제조업: 세계를 위한 상품(Goods for the World)
- 물관련: 파란 황금(Blue Gold)
- 전기관련: 우리를 움직이게 만드는 것(What makes us go)

(3) 공간개발전략

- 지역 유산 루트 개발: 7개의 시범 지역 유산 루트 개발
- 유산네트워크의 확대
- 웹사이트를 통한 정보 수집
- 우수사례 및 아이디 교환

등록 유산지는 총 30개국에 산재해 있는 849개이며 이중 45개의 유산지를 핵심 유산지로 지정하고 있으며 각국에서 개발하고 있는 산업유산지를 포함하여 약 3,500개의 유산지가 분포하고 있다.

또한 각 유산지역의 역사성·문화적 유산성의 성격을 살린 스토리텔링 전략을 도입 하여 실행하고 있으며 지역정부와의 파트너십을 통해 유산 보존·개발을 위해 공동의 노력을 기울이고 있다. 2007년까지 진행한 ERIH Ⅱ계획의 주요 파트너로는 독일, 영국, 네덜란드가 있다.

최근 산업유산지를 대상으로 실시한 조사에 따르면 84%(34개)의 주요 유산지가 35,000명 이상의 방문객을 기록했으나 그 외 산업지의 경우는 약 33%만이 35,000명 이상 방문객을 기록하였다.

또한 거의 모든 유산지(80%)가 자체 웹사이트를 구축하였으며 이중 40%정도의 유산지가 방문객통계를 확보하였고 약 20%의 산업유산지 웹사이트는 월평균 5천 명 정도의 방문이 이루어지고 있는 것으로 나타났다. 산업유산지가 지역 관광 마케팅에서 차지하는 비율을 묻는 질문에는 약 40%가 문화관광지측면이라고 답변하였다.

95%의 산업유산지 관리자들은 향후 산업유산관광의 잠재성을 높게 평가 하였으나 지역 내에서 관광산업과의 공동 마케팅 노력은 실시하지 않

거나 외면당하고 있다고 답변하였다. 산업유산지를 찾는 주요 관광객 성향을 묻는 질문에는 당일 방문객 (48.6%)의 주을 이루고 단체방문객(43.9%)이 두 번째 시장이라고 답변하였다.

또한 현재 산업유산지 방문을 목적으로 방문하는 관광객들의 지역 내 숙박(6.1%)은 이루어지지 않고 있다고 답변하였다. 향후 잠재적 표적시장으로는 문화/교육관광객(78%),산업유산 마니아(78%), 당일 방문객(75%), 가족시장(58.1%), 숙박관광객(35%)로 나타나 숙박관광객유치에 대한 적극성은 미미해 보인다.

<표 Ⅱ-5> 국가별 산업유산지 수

국가	산업유산지 수	국가	산업유산지 수	국가	산업유산지 수
영국	21	노르웨이	18	슬로바키아	7
독일	195	핀란드	17	에스토니아	6
프랑스	50	체코공화국	15	루마니아	6
네덜란드	44	덴마크	14	불가리아	4
벨기에	39	스위스	13	룩셈부르크	3
이탈리아	37	그리스	12	리투아니아	3
스웨덴	31	오스트리아	12	라트비아	3
스페인	27	아일랜드	10	터키	2
포르투칼	24	슬로베니아	9	사이프러스	2
폴란드	22	헝가리	9	말타	1

자료: 전북발전연구원(2010)

총괄적으로 살펴보면 유럽의 산업관광 정책을 산업관광을 유산관광의 일부로 보는 지엽적형태의 정책실행으로 산업시찰형과 공장견학형 등의 산업관광에 대한 지원정책은 크지 않는 것으로 보이고 역사적 보존성을 중점적으로 부각하는 진흥책을 주로 사용함으로써 실질적인 관광객의 기대에 맞는 관광매력물의 보급은 부족한 것으로 보인다. 또한 유럽일체지원형 정책을 실행하고 있으나 아직까지 민간기업의 참여도는 저조해 보인다.

4. 중국 산업관광의 현황

1) 중국 산업관광의 현황

가. 중국 산업관광의 흐름과 정책

▪ 산업시찰형과 공장 견학형 산업관광의 진흥에 대한 정부지원과 정책 수립 및 실행을 중심으로 지역단위 규모로 진행되고 있다.

▪ 산업유산 관광 중심, 정부 지원, 기업의 사회적 책임과 자사 홍보 전략 형태를 취하고 있는 일본이나 구미주와 다르게 중국은 산업 시찰형과 공장 견학형 산업관광 형태로 진흥하고 있다.

▪ 또한 사업관광 진흥에 대한 정부 지원과 정책 수립 및 실행이 중심이 되어 진행되고 있다.

나. 중국 산업관광의 주요사례 지역

▪ 상해 : 중국산업관광 시범구역 선전사업을 통해 기업, 공장 거리 등 산업관광 트레일을 개발하여 상품화 하고 있다.

▪ 산업관광 가이드북을 통해 산업관광 코스 상품 및 산업관광명소를 소개하고 자기부상 열차, 유람선 패키지 등을 개발하여 상품화 하고 있다.

▪ 산업관광 운영은 산업관광진흥센터(http://www.itripsh.gov.cn)가 맡고 있으며 2007년에는 115개의 산업관광 명소를 방문한관광객 수가 약 2백만명으로 전년 대비 약 40% 성장세를 기록하고 있다.

▪ 텐진 : 중국의 근대 공업 발원지로 산업유산지가 산재해 있으며 체류형 관광객의 편의를 위한 숙박, 레스토랑, 기념품점 등의 시설에 개발비를 지원하고 있다.

▪ 텐진의 국제 항구가 있는 육·해·공 교통시스템이 완비된 지역의 경제 중심도시이면서 공업산업 유산지가 산재되어 있어 관광호텔 111개와 263개의 여행사가 운영될 정도로 관광잠재성이 풍부하다.

▪ 2009년 기준, 20개의 주요 산업프로젝트가 진행 중에 있으며 향후 6

개 주요 사업을 중심으로 40개의 산업프로젝트가 진흥될 예정이고 산업시설의 지원시설에 대한 세재지원, 시설개발비 지원 등 다양한 지원정책 방안을 구상하고 있다.

2) 중국 산업관광의 사례 및 주요 시설

중국의 산업관광은 20세기 50년대 프랑스를 기점으로 확대되었으며 중국은 뒤늦게 산업관광 사업에 착수하여 아직 맹아 단계이다. 산업관광 발전의 의의에 관하여 왕바오헝(王宝恒)은 산업관광의 공업기업에 대한 의의, 공업기업의 여행업에 대한 의의, 산업관광의 여행객에 대한 의의, 산업관광의 사회에 대한 의의 등의 4가지 측면으로 구분하여 소개하였다.

▪ 따이따오핑(戴道平 2002)은 기업의 활력증강 측면에서 산업관광의 의의에 대해 서술하였다.

▪ 산업관광을 통해 공장의 각종자원들을 통합하여 정상적인 생산 임무를 완수함과 동시에 다양한 시설과 공법들을 통해 여행 가치를 한 차원 끌어올리고 공장을 기존의 단일형 생산기업에서 복합형 다기능 종합기업으로 전환시켰다.

▪ 이러한 산업관광은 산업구조의 업그레이드, 공장 경영방식의 전환에 도움이 되며 기업의 혁신시스템을 완비하고 산업 환경을 향상시키는데 기여하였다.

▪ 또한 자사의 상품을 홍보하고 좋은 사회적 이미지를 형성하는데 도움이 되며 이를 통해 기업들이 경제적, 사회적 이익을 얻을 수 있다.

▪ 산업관광은 생태환경의 지속적인 발전을 실현했을 뿐만 아니라 산업과 사회를 인성적인 방식으로 연계하여 사회의 교화(教化)작용을 일으킨다.

▪ 이러한 여행방식은 사람들의 지적 호기심을 만족시켰으며 산업의 지위와 이미지를 향상시켰다.

▪ 산업관광은 시장의 수요와 공급의 원활한 교류를 위한 장을 마련하고

산업과 여행의 공생관계를 구축하여 2차 산업과 3차 산업 간의 균형적인 협력을 실현한다.

가. 상하이의 산업관광 자원 현황

▪ 상하이의 백년간의 산업 역사는 많은 역사유적과 산업문화를 남겼으며 상하이는 중국 현대산업의 메카로서 철강, 자동차, 조선, 우주항공, IT, 바이오 메디컬 등 다양한 선진 제조업 분야에서 두각을 나타내고 있다.

▪ 상하이 산업관광추진센터 통계에 따르면 현재 상하이의 관광지는 750여곳으로 그 중 산업관광지는 167여 곳에 이르며 대부분의 관광지를 공업기업, 현대산업단지, 창의산업기지, 건축성과, 직업박물관 등 5종류로 구분하였다.

▪ 상하이 민싱(闵行)경제기술개발구, 상하이 푸둥(浦东) 소프트웨어 단지, 상하이 시 공업종합개발구, 상하이 송강(松江)공업구의 4대공업단지를 현대의 산업관광지로 형성하였다.

나. 상하이 산업관광의 발전 특징

▪ 기업의 제조유형 측면에서 보자면 상하이 바오깡(宝钢)그룹, 상하이 자동차 산업 등과 같은 전통 제조업, 순환경제 산업이 포함될 뿐만 아니라 현대의 첨단기술 산업단지도 포함된다.

▪ 기업의 투자유형 측면에서 보자면 중국 우주항공과학기술그룹과 같은 대형 독자 국유기업 뿐만 아니라 "전국 외자유치 우수기업"으로 평가된 상하이 션메이(申美) 음료식품유한회사와 같은 다국적기업도 포함된다.

▪ 문화측면에서 보자면 현대적인 건축물 전시도 있고 역사문화 콘텐츠가 풍부한 직업박물관도 있다.

▪ 복식박물관, 상하이 8번 대교와 같은 관광지는 유행과 창의적인 요소를 접목시켜 산업관광의 다원화를 추구한다.

▪ 2005년 5월 "상하이 산업관광 추진센터"를 정식 발족한 후 상하이 산업관광의 네트워크 자원이 풍부해져 사회 각계의 광범위한 의견을 수렴

할 수 있게 되었으며 이로써 상하이 산업관광을 한 단계 격상시킨다.

▪ 2010년 상하이 세계 엑스포의 국내외 관광객 수는 연인원 7,000만 명에 이르러 역대 최다가 될 것으로 예상된다.

<그림Ⅱ-8> 상하이 엑스포 한국관

다. 상하이 시 산업관광 11차 5개년 계획

상하이 시는 "상하이 시 산업관광 11차 5개년 계획"을 추진하고 지도사상을 발표해 2010년 세계 엑스포의 전략적 기틀을 마련하였다.

▪ 11차 5개년 계획의 지도사상 내용으로는 상하이 산업구조 업그레이드, 현대 서비스업과 산업관광의 전략적 발전, 공업기업의 구조개선, 산업관광 기업의 대외적 이미지 홍보, 산업과 여행업의 연계, 상하이의 풍부한 산업문화 콘텐츠 발굴, 산업관광 자원통합, 특색 있는 산업관광 상품개발, 국제적인 산업관광 브랜드 창출, 상하이 산업관광의 지속 가능한 발전 추진 등의 내용이 포함되었다.

▪ 상하이 세계 엑스포 단지는 상하이의 산업 유산이 가장 집중된 지역에 위치해 있으며 회의장 소재지인 황푸(黄浦)강 양안은 100여 년의 제조업역사를 갖고 있다. 그 중 "중국 산업의 요람"이라 일컫는 쟝난(江南)선박공장의 철강, 창고업은 100년의 역사를 갖고 있으나 상하이의 산업구조

와 공간구조가 변화됨에 따라 이곳은 더 이상 현대 산업발전의 수요를 만족시키기 어려워진다. 상하이 세계 엑스포의 개최가 상하이 시의 산업구조와 옛 산업시설 등을 개선하는데 중요한 촉매제 역할을 한다.

▪ 상하이 세계 엑스포 단지 내 산업유산은 “문물보호 단위와 우수한 역사적 건축물, 보존중인 역사적 건축물, 기타 보존중인 건축물” 의 3단계로 나누어 보호하였다.

▪ 오래된 건축물은 “국가관으로 전시, 물류 및 물자 조달·관리, 사무실로 사용, 각종 서비스 시설로 이용, 박물관으로 이용” 등의 5가지 용도로 이용하였다.

▪ 산업관광의 중요한 특징으로 지식성과 과학기술성을 들 수 있는데 2010년 상하이 세계 엑스포에 첨단 기술 요소가 도입되면 상하이 산업관광의 발전이 촉진될 것이며 또 지속적인 발전도 가능하다.

▪ 2010년 상하이 세계 엑스포는 풍부한 산업유산에 현대과학이 어우러져 상하이 시의 산업발전에 기여하며, 전시관의 장점을 잘 살리고 기초인프라를 구축하여 이 지역이 향후 상하이 시 산업발전의 성공적인 모델로 성장 할 수 있을 것이다.

▪ 중국의 초기 산업관광은 정부 주도하에 이루어져 일부기업들이 안전문제와 작업질서 문제를 우려하여 산업관광에 대해 부정적인 태도를 보였다. 그러나 이후에 산업관광의 긍정적인 면을 적극 홍보하여 기업들에게 인정을 받았으며 기업들의 부정적이고 피동적이었던 태도가 긍정적이고 적극적으로 바뀌어 상하이 도시여행의 콘텐츠가 풍부해지고 또 상하이 산업관광의 지위가 점차 향상되고 있다.

▪ 상하이는 관광명소는 많으나 관광 콘텐츠가 부족하여 산업관광의 목표인 산업교육의 효과는 기대할 수 없다. 이 문제를 해결하려면 산업관광 시 상위여행상품과 하위여행상품을 연계하여 여행의 완전성과 체계성을 높이고 산업관광의 발전을 촉진해야 할 것이다.

▪ 현재 산업관광의 대상은 노인, 학생 및 소수 기업인들에게 집중되어 있다. 산업관광의 특징인 지식성을 강조하여 대학생들의 참여를 유도해야

한다. 대학생들의 참여를 통하여 기업은 더 많은 우수인력을 흡수할 수 있으며 또한 학생들의 창의력을 개발할 수 있다.

▪ 정확하고 빠른 정보서비스는 기업과 여행객 간, 기업과 기업 간의 교류를 원활하게 해줄 뿐만 아니라 상하이가 국제적인 여행 도시로 발돋움할 수 있는 밑거름이 되기 때문에 개별적인 관광명소의 정보를 보다 구체적이고 정확하게 파악하여 여행객에게 제공해야 한다.

▪ 관광지의 단일성을 피하고 여행객의 피로를 해소하기 위하여 상하이시의 산업관광 노선은 대부분 산업관광과 일반 레저, 관광여행이 결합되어 있다. 그러나 이러한 여행은 여행객이 쉽게 피로감을 느낄 수 있고 또한 시간 코스트가 비싼 단점이 있다. 이 문제에 대해 일본 도요타기술관이 설계한 산업관광 내용을 참고하여 산업관광 관광지의 서비스 시설을 완비할 수 있다.

5. 일본 산업관광의 현황

1) 일본 산업관광

가. 일본 산업관광의 흐름과 정책

▪ 일본은 1950년부터 일찍이 자료관, 박물관 등의 전시시설을 구축하고 제품 만들기 체험프로그램을 운영하였으며 역사적·문화적 가치가 높은 근대화 유산을 관광자원으로 활용하였다.

▪ 일본의 산업관광은 산업유산지를 방문하는 것이나 운영 중인 공장을 견학하는 방식으로 1950년대부터 시작 되었으며 자료관과 박물관뿐만 아니라 공방에서 도자기, 유리세공 등의 공예품을 만드는 체험 프로그램을 이미 운영하고 있었다.

▪ 1970년대는 고도성장 시기로써 노후화 건물 파괴과정을 통해 근대유산 보존과 활용이 주목 받으면서 근대화를 이끈 건조물을 재평가 받고 산업관광이 활성화 되었다.

▪ 1990년대는 근대화 유산 종합 조사를 실시하여 목록화 사업(총 2,137개(2007년))을 실시하면서 중요 문화재를 발굴하고 등록 제도를 도입하여 훼손하지 않는 범위에서 자료관, 호텔, 레스토랑 등의 시설의 용도를 허용하였다.

▪ 이러한 일본의 산업관광은 최근 내용적인 변화를 보이고 있다고 판단되는바, 공공과 민간 부문에서 산업관광 추진의 중요성을 인식하고 추진간담회, 관련 세미나 및 포럼, 추진협의회 등을 정기적으로 개최하고 있다.

▪ 2007년에는 국토교통성 주관으로 산업관광 추진간담회를 개최하고 향후 산업관광 진흥에 관한 구체적 논의를 했으며 2008년 제1회 산업관광 국제 세미나를 나고야에서 개최하였다.

▪ 민간의 산업관광발전에 관한 방안으로는 2001년부터 전국 산업관광 추진협의회와 일본 관광협회가 주관하여 연 1회 산업관광 포럼을 개최하

고 있으며 우수사례를 선정하고 시장하고 있다.

▪ 일본의 산업관광 자원은 산업유산을 비롯해 전 산업의 현장 및 제품까지 포함하고 있으며 소유와 경영 제약을 해소하는 기본전략을 구상하고 있다.

▪ 산업관광의 자원은 역사적 산업유산, 산업현장(공방, 공장), 농림수산업 현장, 미술 및 공예제품이며 목적은 기업과 제품의 PR, 지역산업의 진흥, 역사문화 보존, 인재 육성 등이다.

▪ 일본은 산업관광 기본전략으로 자원에 대한 소유와 산업관광지의 경영분리, 지역 관광자원 보전 등을 들고 있다.

▪ 산업관광 진흥을 전략으로는 다양한 파트너십 채결, 유통채널 구축, 산업관광정보화 등을 검토하고 있다.

나. 일본산업관광의 주요사례지역

▪ 아사히 맥주공장 : 직접 제품을 만들어 보고 시음할 수 있는 체험 프로그램을 제공 하며 기념품 판매를 통해 운영비용을 충당하고 있다.

▪ 하나카에 위치한 아사히 맥주공장은 120년 전통을 가진 일본내 최대 맥주 회사중 하나이며 3만6천평 대지에 입지하고 있다.

▪ 사전예약제를 전제로 하며 별도의 관람료는 없지만 맥주제조 체험 프로그램을 신청할 경우 약 2만5천원의 참가비를 받고 있으며 방문 체험의 질을 높이기 위해 전문가이드 서비스를 상시 제공하여 기업 홍보에 도모를 하고 있다.

▪ 도요타 산업기술기념관은 산업유산 보존과 활용을 통해 산업관광자원으로 재생되었으며, 시설 프로그램 운영으로 지역사회에 기여하였다.

▪ 아이치현 : 산업의 거점지역으로 지역 상공회의소를 주축으로 지역 내 대표 산업박물관, 자료관, 공장을 묶어 공동 마케팅을 실시하고 있다.

▪ 총 면적 514km에 약 7백만 명의 인구가 거주하고 있는 도시로서 아이치 관광챌린지 계획(2007)에서 산업관광을 관광 진흥의 주요 전략으로

채택하고 있다.

- 양조, 도자기, 방적, 섬유 등의 전통산업과 자동차, 항공, 우주산업 등의 최첨단 공장, 자료관, 체험관 등의 하드웨어와 소프트웨어를 갖추고 있다.
- 9개 테마의 21개 체류형 산업관광 코스, 4개 테마의 11개 당일형 산업관광 코스를 제공하고 인근 관광지와 연계하여 지역주민들과의 파트너십을 유도하고 있다.

2) 일본 산업관광의 사례 및 주요시설

가. 도요타기술관

도요타 공장과 사무소의 건물 외형을 보존하고 창시자의 발명품부터 도요타 그룹의 변천사를 전시하는 공간으로 활용하여 산업유산으로 지정되었다. 도요타는 주변 녹화사업을 통한 도시경관 형성뿐만 아니라 아이치의 산업관광 거점개발, 관광루트버스 운영, 주말 워크샵 개최, 기획전 개최, 지역 기반 시설(도서실, 강당) 개방, 지역행사 개최 등으로 지역에 기여하고 있다.

도요타기술관이 제시한 산업관광의 내용은 참관, 여행, 식사, 숙박, 쇼핑, 오락 등 기본적인 요소들의 균형을 맞추고, 매 관광지마다 여행객들이 머무는 시간을 연장하며, 여행의 질을 높여 여행객의 만족도를 향상시킨다.

여행객들이 참여와 체험을 통해 생활과 관련 있는 상품 또는 공업상품의 생산과정을 이해할 수 있으며 자신만의 개성이 담겨있는 상품을 직접 만들어 볼 수 있다. 이러한 체험은 여행객들의 호기심을 만족시켜 줄 수 있을 뿐만 아니라 기업을 위해 수집한 고객들의 다양한 정보를 통하여 상품개발을 더욱 촉진할 수 있다.

<표 Ⅱ-6> 도요타 기술관 산업관광의 참관내용 및 관련 대책

주요 참관내용	자계측정 센터와 샘플관, 자동차 기술 산업의 역사, 자동차 원리와 부품, 국내 자동차 기술의 창립, 기술의 창립, 과학기술의 발전, 1930년~1940년 초기 자동차의 생산기술, 상품의 기술도약, 미래를 향해 나아가는 오늘, 미래의 과학기술 체험 등
도요타그룹 빌딩	도요타 방직 주식회사의 예전 본사 사무실로 1925년에 건립하였으며 빌딩 내부에는 사키치(佐吉)와 키이치로(丰田喜一郎)의 개인자산과 서류가 보존
도요타 상공회의소 사무실	사무실은 도요타 사키치가 1902년 건립한 것으로 주로 자동 방직기개발 시 사용, 이 건축물은 1905년에 지은 것으로 사키치가거주하고 작업을 했던 공간으로 사키치는 이곳에서 모든 시간과 정력을 자동 방직기를 개발하는데 쏟음
도서관	도서관은 약 55,000종 도서, 잡지 및 시청각자료를 소장하고 있으며 과학, 생산 공정, 산업, 자동차, 방직, 패션 등으로 분류하였습니다.
시청각자료실	약 300종의 영상자료를 구비해 놓았으며 박물관안내, 전시설명, 도요타 자동차의 창립부터 현재까지의 활동 및 회사연혁 등을 보실 수 있습니다. 스크린에서 보고 싶은 내용을 클릭하면 바로 확인이 가능
박물관 상점	상점에서는 박물관 관련 물품(자동차 및 방직관련 서적과 상품포함)을 판매
식당	식당에서는 맛있는 요리와 스낵이 준비되어 있음, 유쾌한 분위기에서 마음껏 즐길수 있음
커피숍	화원 같은 커피숍에서 친구를 만나거나 여행 중 잠시 들려 휴식을 취하실 수 있는 공간

자료출처 : 일본 언론 발표-전국 여행자모임

나. 아사히 맥주공장

아사히 맥주는 120년 전통을 가진 일본 내 최대 맥주 회사 중 하나로서 15개의 공장을 견학할 수 있다. 그중 아사히 맥주 최고의 공장 견학지는 히다카 공장으로 이 공장은 1921년 4월 총 3만6천평 대지에 지워졌으며 후쿠오카 유일한 맥주 공장으로 삿포로와 더불어 일본 내 최고맥주 브랜드로 사랑받고 있다.

또한 공장이 후쿠오카 시내에 위치하고 있어 많은 방문객들이 방문하여 관람료는 받지 않고 있다. 방문을 위해서는 사전예약을 하는 것을 전제로 하며 현장에서도 신청하여 관람 할 수 있다. 또한 이러한 소비자 방문 체험의 질을 높이기 위해 전문 가이드들이 상시 양질의 서비스를 제공하여 기업 홍보에도 큰 역할을 하고 있다.

아사히는 방문객들에게 단순한 견학의 기회뿐만 아니라 직접 맥주를 만들어 볼 수 있는 체험도 제공하여 방문객들을 즐겁게 하고 있다. 이 체험은 약 2만5천원의 참가비를 받고 운영되고 있으며 3인 1조로 9명을 한 팀으로 구성하여 방문객을 받고 있다.

또한 방문객들을 대상으로 맥주를 제조하는 전 과정을 그림으로 자세히 설명하여 사전정보를 제공하고 있다. 공장 견학을 마치면 자연스럽게 기념품 상점으로 연결되어 있으며 다양한 상품을 배치하여 공장견학에 들어가는 비용을 충당하고 있다.

<그림 Ⅱ-9> 아사히 맥주공장

다. 아이치현

아이치현은 일본 굴지의 산업 거점으로 총 면적 514km²에 인구는 약7백만 명으로 지리적으로 일본 중부에 위차하고 있고 지역내 대표도시로 나고야시가 있다.

아이치현 정부는 2007년 아이치 관광 챌린지 계획을 수립하고 산업관광을 아이치현의 향후 관광 진흥 주요 전략으로 채택하였다. 아이치현은 전통적으로 양조, 도자기, 방적, 섬유 등의 산업의 발달하였으며 최근에는 자동차, 항공, 우주산업의 거점 지역으로 발돋움하고 있다.

지역 정부는 이러한 전통산업과 최첨단산업의 공장뿐만 아니라 관련 박물관, 자료관, 체험관등의 하드웨어와 소프트웨어가 갖추어 있다고 판단하여 지역 상공회의소를 주축으로 대표 산업 박물관, 자료관 24개와 9개의 공장을 묶어 공동 마케팅을 실시하고 있으며(공통 입장권 판매, 공동 사업을 위한 제휴, 특별 전시회 등). 34개의 산업 관광물을 테마화하여 한 단계 업그레이드 된 산업관광 상품의 제공하고 있다.

최근에는 아이치현 산업관광 모델코스를 개발하여 방문객들에게 다양한 체험을 제공하고 있다. 이 상품은 숙박 관광객을 끌어들이기 위해 9개의 테마별로 21개의 코스를 제공하고 있으며 당일방문객들을 위한 4개 테마별 11개 코스가 운영되고 있다.

테마는 주로 산업별로 분류하여 제공하고 있으며 그 종류로는 방적 산업, 기계산업, 환경산업, 자동차 산업, 전통산업, 과학과 기술, 인프라스트럭처, 항공우주산업, 음식산업, 농업, 요업, 측정산업 테마 등으로 제공하고 있다.

현재 아이치현 정부 웹사이트와 연계하여 정보를 제공하고 있으며 각 테마별 관련 다큐멘터리 비디오를 제공하고 있다. 또한 방문자들은 테마를 선정하면 테마에 맞는 공장과 박물관 등을 방문하는 루트를 이용하게 된다.

또한 산업관광지와 인근 관광지와 연계하여 쇼핑이나 온천들을 연계한 상품들도 제공되고 있으며 산업관광시설과 지역주민들과의 파트너십을 통해 지역 산업관광 안내인들을 육성하고 있으며 협회를 결성하려고 준비하고 있다.

라. 일본 아야정

아야정의 산업관광 개념을 실제로 뒷받침하는 시설이 지역의 유력한 자원인 물을 이용한 테마파크이다. 이 테마파크는 슈센노모리로 명명 되었다. 여기에는 각종 주조시설 뿐 아니라, 숙박시설, 온천, 전통공예, 각종 종류의 식당, 고미술관, 작은 규모의 박물관 등을 갖추고 있다. 주조시설은 온갖 종류의 술, 즉 소주, 청주, 포도주, 맥주, 양주, 과일주 등을 생산하는 것이며, 전통공예시설은 유리공예를 비롯해 목공, 죽공, 도예, 직물 등을 포함한다.

이 테마파크는 "보고, 먹고, 마시고, 사고, 쉬며, 논다 는 여섯 개의 개념으로 구성되었다. 각각의 개념에는 생산과정과 생산물을 보여주고, 맛보며, 판매한다는 전략이 포함되어 있다. 목표는 지역의 생생함을 직접 느끼도록 한다는 것이다.

<본다>는 것에는 운해 주조공장, 고 미술관, 지역맥주공장, 포도주공장, 유리공예 등이 포함되어 있다. <먹는다>는 것에는 레스토랑, 민물고기점, 양식ㅈ점, 맥주점, 일본음식점, 온천라운지가 포함되어 있다. <먹는다>는 것에는 레스토랑, 민물고기점, 양식점, 맥주점, 일본음식점, 온천라운지가 포함되어 있다. <마신다>는 것에는 소주, 청주, 저장주, 과실주, 포도주, 맥주 등 각종 술 시음점이 포함되어 있다. <쉰다>에는 연회장, 온천, 객실이 포함되어 있다. <논다>에는 테마파크 외부에 있는 지역의 여러 관광장소가 포함되어 있다.

이런 테마파크가 완성되기까지는 약 10년간의 시간이 필요했다. 지역활성화 사업은 1970년대 초반에 시작되었다. 정장은 조엽수림 풍요타운구상을 통해 풍요로운 자연과 지역의 전통공예를 조합한 산업관광을 핵심으로 하여 마을 만들기 상버을 개시하였다. 그 과정에서 1985년 12월 운해주조회사를 지역에 끌어들이는데 성공하였다. 일본에서는 명수백선을 선정하였는데, 아야정의 샘물이 여기에 선되었는데, 이 물이 주조업 발흥의 근거가 되었다, 아야정은 공장을 유치하는 과정에서 정의 산업관광정책에 부응하여 견학 코스를 갖춘 사회성이 있는 공장을 개설하도록 유도하였다. 운해주조는 그 후 메밀소주제품이 성공적인 출시를 하자 양질의 메밀 생산지인 북해도에 1988년 제3센터로 회사를 설립, 젊은 여성들이 좋아하는 맥주소주를 만들었다.

아야정과 운해주조는 1988년 제3섹터로 아야 자연산업개발(주)를 설립,

명수와 풍광을 이용한 "새로운 공동체 슈센노모리"를 만들었다. 여기에 도예, 유리, 죽세공, 염직 공방을 설치하고 소주제조시의 온배수를 이용한 온천을 병설하였다.

운해주조의 아야공장은 연 3만 이상의 견학자를 받아들였는데 산업관광을 추진하는 과정에서 소주제조 공장과 지역의 전통공예를 조합한 시설의 필요성이 커지면서 운해주조가 '새로운 읍 아야의 고향' 계획을 수용할 필요가 커졌다. 정, 운해주조 및 지역기업 등이 중심이 되어 제3섹터의 주식회사 아야산업개발을 설립하고 1988년 소주공장에 인접한 곳에 슈센노모리를 개소하였다. 자본금은 1억엔이었는데 실제 공공섹터의 구성비는 5%로 매우 낮았다.

사업비는 약 25억엔으로 재단법인 민간도시개발 추진기구의 추천 및 알선으로 조달하였다. 사업내용은 지역 특산물의 연구개발 및 제조판매, 지역 농림수산물 가공 및 전시판매, 관광 및 각종 서비스, 식료품 제조 및 판매, 수산양식 및 판매 등이었다. 임원은 11명, 사원은 66명, 파트타임 근무자가 24명으로 조직되었다. 영업 첫해에 목표를 입장객 18만 7천명, 매상고 7억엔으로 잡았는데, 실제 입장객 31만, 매상고 6억여엔으로 나타났다. 이것은 산업관광의 핵심사업으로 착수되어 물산관, 식당, 숙박 등의 수익부문과 전통공예공방, 온천 등의 공익부문으로 구성되었다. 매상의 90%가량이 수익사업부문에서 발생한다.

아야정의 슈센노모리 사업은 일본의 제3섹터 연구회가 1993년 선정한 일본 전체의 12개 제3섹터 사업 선진사례 중 하나로 선정되었다. (제3섹터연구회 1993, 180-182). 운해주조는 1994년 운해농원에서 생산한 과일을 이용하면서 본격적인 관광와인공장 아야와인을 완성했다. 1995년 아야 자연산업개발과 합병하여 명칭을 슈센노모리 사업부로 했다. 지역 맥주공장을 민예촌에 1996년에 별성하였다. 이렇게 완성된 테마파크는 아야의 산업관광의 핵심으로 자리잡고, 관광객을 끌어들이는 힘을 증가 시켰다.

아야정이 유기농업과 함께 생활밀착형 산업이나 이를 기초로 한 생활관광(산업관광)을 발전시켰기 때문이다. 이런 맥락에서 환경의 측면에서의 “지속가능한 발”이라는 개념과 함께, 관광영역에서 “지속가능한 관광”이라는 개념이 성립될 수 있을 것이다.

지역 활성화에서 항상 문제의 초점이 되는 것은 자원의 유형과 활성화의 주체, 그리고 시장의 특성 변화를 포착하는 타이밍 등이다. 흔히 지역 활성화는 생태학적 자원, 역사적 자원, 민속적 자원 등에 기반하여 진행된다. 지역 활성화에서의 자원활용방식을, 현재까지 지속된 것의 연속적 계승, 과거에 존재했으나 현재는 사라진 것의 복원, 새롭게 전통을 만들어내는 창출로 구분한다면, 아야정의 지역활성화는 별다른 자원이 없으면서, 새롭게 자원을 만들어가는 전략의 수행과정이었다. 여기에서 생태학적 자원이 지역 활성화에 근거가 되었지만, 1990년대에 더 큰 비중을 차지하는 산업관광의 자원은 지역에 이미 주어져 있었다. 기보다는 새롭게 “창출(inventing)"된 것이라고 보는 것이 정확할 것이다. 유기농업으로부터 기원하는 이미지를 전통적 수공업과 연결시키고 이를 다시 근대적 지역산업으로 연결시키고 있기 때문이다.

<표 Ⅱ-7> 일본의 산업관광지

지역		일본의 산업관광지
중동부지역	니가타	센베이왕국
		이마요쯔키사주조
	요코하마	기린 요코하마 비어빌리지
		도쿄가스환경에너지관
		일본신문박물관
		유키루시유업 요코하마 치즈공장
	가나자와	가가유젠전통산업회관
		기린 맥주파크 후쿠리쿠
		금은박공예 사쿠다
	기후	나이토기념약박물관
		기후솔라파크
	나고야	도요타박물관
		노리타케의 숲 크라프트 센터
		아사히 맥주 나고야 공장

지역		일본의 산업관광지
북부지역	삿포로	시로고이고이비토파크
		오타루 오르골당
		유키지루시유업자료관
		삿포로 맥주박물관
	센다이	센다이닛카위스키 미야기쿄증류소
		가네자키 벨 팩토리
서부지역	오사카	파나소닉 센터 오사카
		아사히 맥주 스이타 공장
		산토리 야마자키 증류소
		인스턴트라면 발명기념관
	고베	하쿠쓰루주조자료관
		기린비어파크고베
		클리코피아 고베
		고베 신코발전소
	다카마쓰	마루킨간장기념관
		아야가와초우동회관
		쇼도시마 후루사토무라 데노베 소면관
	히로시마	마쓰다 박물관
		야쿠르트본사 후쿠야마 공장
		치치야쓰 주식회사
남부지역	기타큐슈	닛산 자동차 (규슈 공장)
		신일본제철(주) 야와타제철소
		치치야스주식회사
	후쿠오카	가메이미라쿠다카토리야키 미라쿠가마 미술관
		야마야커뮤니케이션
		하카타 인형 비겐공예사
		이시쿠라주조 하카타하쿠넨쿠라
		아사히맥주 하카타 공장
	미야자키	기리시마 팩토리가든
		그린파크 에비노
		산업관광테마파크 슈센노모리

자료 : JNTO 웹페이지

제3장 산학협력의 사례

1. 산학협력

1) 산학협력의 개념

가. 산학협력의 개념

연구개발과 인적자원개발에 있어 중요한 수단인 산학협력 혹은 산학연계란 국가혁신시스템 내에서 대학 및 연구소와 산업체 간에 이루어지는 모든 다양한 형태의 협력활동을 포괄하는 개념이다. 협의의 정의는 주로 대학과 기업체간의 인력 개발을 포함하여 연구개발 및 사업화 활동을 의미하나, 보다 포괄적으로는 기업과 대학간의 상호관계로 정의하여 공동 연구개발 뿐만 아니라 기술지도, 자문, 그리고 공식적, 비공식적 만남까지를 모두 함축하고 있다.

산학협력이 구체적으로 포괄하고 있는 범주는 학자와 연구마다 차이를 보이는데, 산업계와 학계간의 연구와 개발활동에 초점을 둔 관점(Link & Tassey, 1989; Feldman & Link, 2001; Fusfeld & Haklish, 1984)과 협력적 교육활동 (cooperative education)에 초점을 둔 관점(Mcginn, 1999; Breen, 2001), 그리고 교육과 연구개발 모두를 포괄하는 광의의 정의(정지선 외, 2005) 등이 존재하고 있다.

<표 III-1> 산학협력의 연구자별 정의

연구자	정의
Uenohara & Starfelt(1984)	미국 전자산업에서의 사례를 통해 대학과 산업간의 협력방식은 교육과 연구(연구 장학금 및 위탁연구, 재료나 장비/설비 공유 등), 첨단기술에 대한 대학의 정보제공, 연구 컨소시움, 인적교류(대학의 연구기획시 기업의 경험을 활용하기 위한 방법으로 기업 인력이 대학의 위원회에 참석, 연구자의 교류 등), 기업 임직원들의 계속교육 등의 4가지로 분류
Johnes-Evans (1996)	대학과 산업체간의 협력방법을 다음과 같이 7개 의 유형으로 분류, (Malinen & Toivonen, 1998) Research funding, Sponsorship or endowment of chairs, Sponsorship of research centers, Industry Clubs or networking, Training partnerships, Technical services contracts 등이 바로 그것이다. 이러한 분류는 정적인 협력 요소만을 포함한다는 단점을 가지며, 협력과 연계간에 차이가 있는 것으로 해석

연구자	정의
Malinen & Toivonen (1998)과 Feldman et al.(2001)하고	산학협력을 대학과 기업간의 거래로 보았고, 거래 대상을 기준으로 유형을 분류하여 조직간 vs 조직내부, 거래적 관계 vs 협력적 관계라는 두가지 축을 기준으로 교환이론(theory of exchange)에 기반하여 교환의 속성을 정의하였고, 대학과 기업의 관계를 적용, 대학과 기업 두 조직간의 관계는 그 관계가 거래적 관계냐 협력적 관계냐에 따라 시장유형(market type)과 네트워크 유형(network type)으로 분류
Feldman et al.(2001)	대학과 기업의 관계는 거래(transaction)의 관점에서 거래대상인 sponsored research, licenses, spin-off firms, hiring students, serendipity로 나누었고 이를 둘러싼 대학환경이나 기업특성, 정책 및 법적 환경들로 구성된 틀을 제시
Andersson and Klofsten (1997)	관계의 형태에 따라 large scale cience projects contracted research, consulting, patenting/licensing, spin-off, service in general (continuing education, special courses, selling of information) 등의 6가지로 나누었고, 이러한 분류는 두 주체들 간의 공동 노력(joint effort)을 포함하며, 산학간의 상호작용의 정도가 유형으로 분류, 대형 프로젝트의 수행은 가장 긴밀한 관계에서 이뤄질 수 있는 관계이며, 마지막의 일반 서비스는 신뢰의 초기단계에서 이뤄지는, 가장 관계가 소원할 상태에서 할 수 있는 협력형태
Geisler & Rubenstein (1989)	대학과 기업의 관계의 장·단기성을 고려하여 협력의 유형을 Industrial Extension services, procurement of services, cooperative research, research park 등 4개의 유형으로 크게 분류하였고, 이를 다시 세부 메커니즘으로 유형화
Geisler & Rubenstein (1989)	대부분의 메커니즘이 각각의 한계와 장점을 가지기 때문에 건전한 대학과 기업의 관계는 복합적인 메커니즘(multiple mechanism)과 상호관계를 포함해야 하며, 장기적인 관계를 가져가는 것이 바람직하다고 주장
Brennenraedts et al.(2006)	지식이전(knowledge transfer)이라는 관점에서 산업체와 대학간의 이전되는 지식의 유형에 따라 산학협력 유형 정리, 즉 대학에서 기업으로 이전되는 지식이 이전되는 유형은 크게 인쇄물, 전문 네트워크의 참석, 사람의 이동, 비공식적 모임, 공동 연구개발, 장비 공유, 계약 연구 및 기술 컨설팅, 지적재산권, 창업 등 9개로 나눔
산학협력 백서 (교육인적자원부 외, 2006)	산학협력 방법을 다섯 가지로 유형화하였는데, 공동 연구/위탁 연구, 연구원의 초청 연구나 파견 연구, 연구지도, 자문 및 교육훈련 등을 포함하는 인적교류 활동, 시설 및 설비의 공동 이용, 정보교류, 공동행사 등
이종선·주용국 (2005)	산학협력 영역을 인적자본의 확보·육성·활용측면, 지적자본의 생산과 공유·확산과 활용측면, 사회적 자본의 구축과 강화 측면 등 3부문으로 구분하여 각 측면에서의 혁신주체간의 협력을 요구하는 개념을 제안, 파트너십의 강도를 4개 단계로 규정하여 각각의 세부 협력형태를 정리하여, 파트너십의 강도는 상호간 고유기능을 가진 독립 체제를 유지하면서 제한된 수준에서 현재의 활동을 지원하는 수준, 상호간 독립 체제를 유지하되 자원을 교류하는 수준, 보다 연계된 차원에서 상호간 자원의 통합하여 추진하는 것, 상호연계형 등으로 기관과 시스템의 변화하는 수준 등으로 구분하여 정의

자료: 선행연구를 기초로 저자 작성

산학협력은 학자와 나라에 따라 각기 다르게 정의되고 있으며, 그 유사용어도 다양한 상황이지만, 산학협력에 관한 정의는 크게 세 가지 범주로 구분될 수 있다.

첫째, 산학협력을 산업계와 학계간의 교육활동만을 지칭하는 관점이다. 이 경우 산학협력은 "학계, 산업계 유관기관 사이에 공동계획과 지도하에 장차 산업계에서 일하고자 하는 학생을 상호 협동하여 교육훈련의 실리를 추구함과 동시에 산업경영의 실효성을 높이기 위한 일체의 노력"이라고 정의하고 있다(이무근, 2003). 이렇게 교육활동에 초점을 두는 산학협력은 주로 산업의 발전에 따른 산업체의 요구에 부응하는 인적자원을 개발하기 위하여 교육기관과 산업체가 협력하여 교육 프로그램을 운영하는 것을 의미한다. 또한 교육적 산학협력은 인적자원과물적자원의 교류를 통해 위탁교육, 현장실습, 시설과 장비의 공동 활용, 정보 교환 등의 활동을 실시하는 것을 의미한다(이종환, 2002).

둘째, 산학협력을 산업계와 학계간의 연구 활동만을 지칭하는 관점이다. 이 경우 산학협력은 "산학협력이라는 문자 그대로 학계에서 연구한 결과와 발굴된 지식을 산업계에서 효과적으로 활용하고 이를 통하여 기술의 혁신과 생산성의 제고를 이룩하는 한편, 산업계에서는 이 같은 연구개발을 할 수 있도록 하는 연구투자 등으로 상호 협력하는 것"으로 정의하고 있다(이무근, 2003).

이렇게 연구 활동에 초점을 두는 산학협력은 인적자원과 물적 자원의 교류를 통해 공동연구, 기술개발 자문, 연구비 보조, 연구시설의 공동 이용, 정보 교류 등의 활동을 하는 것을 의미한다. 즉 연구활동에 초점을 두는 산학협력은 새로운 지식의 창출과 축적, 기업체 필요 기술의 개발 및 지원에 그 목적이 있다(정지선 외, 2005).

셋째, 광의의 정의로서 산학협력을 학계와 산업계 사이의 교육 및 연구에 관한 협력활동으로 보는 관점이다. 이 경우에 산학협력은 "산업계와 학계가 상호간의 공동이익을 추구하기 위하여 협력하는 일체의 노력"으로 정의된다(이무근, 2003). 이는 산학협력을 교육활동만을 지칭하는 관점과 연구 활동만을 지칭하는 관점을 포괄하는 개념이다. 이렇게 교육과 연구를 포괄하는 산학협력은 최근 국가균형발전위원회에서 제시하고 이제까지의 산학협력이 대학이나 연구기관에서의 인력양성과 산업기술 개발에 관심을 가졌다면, 새로운 산학협력은 인력과 기술을 활용하여 실제 사업을 수행하는 수요자인 기업 중심으로 산학협력의 중심을 바꾸고, 지원범위에 있어서도 기존의 프로젝트나 학부·전공별로 부분적인 지원에서 벗어나 학생·교수·산업체 인력을 아우르는 종합적 지원과 총괄적 참여를 이루어 나가고자 하고 있다.

국가균형발전위원회(2004)에서 제시하고 있는 신(新)산학협력의 개념처럼 이제 산학협력의 개념은 인력과 기술공급자인 교육기관 중심, 정부주도형에서 인력 및 기술 수요자인 기업 중심, 주체별(기업, 대학, 정부, 경제단체)네트워크형으로의 전환을 추진하고 있다.

또한 지원범위나 참여범위에 있어서 지엽적인 협력에서 벗어나 총괄적인 협력으로 개념이 확대되고 있으며, 산학협력의 목적도 연구·개발을 포함한 실용화와 상품화에 초점을 두고 있다.

이상에서 볼 수 있듯이 산학협력의 개념은 기업, 경제단체, 연구소 등을 포함하는 산업계와 학계가 상호발전과 사회 및 국가 발전을 위해 인적, 물적 및 제반 가용 자원을 교육, 연구 등에 상호 보완적으로 교류하는 체계적인 협력관계라고 정의할 수 있다.

한편 이와 같은 산학협력의 정의는 "산업교육진흥 및 산학협력촉진에 관한 법률 제2조 5항"에도 명시되어 있다. 이 조항을 보면, 산학협력은 '산업체 수요와 미래 산업발전에 부응하는 인력 양성, 새로운 지식·기술을 창출 및 확산하는 연구 개발, 기술이전 및 산업 자문'이라고 정의하고 있다.

나. 산학협력의 중요성

▪ 산학협력은 참여 주체들 모두에게 이익을 가져다주는 윈윈(win-win) 게임으로서의 성격을 지닌다. 대학 및 연구소는 산학협력을 통해 과학기

술기반의 확충, 교육·연구기회의 확대, 그리고 실용화기술에 적합한 인력양성과 취업기회의 확대 등 다양한 이익을 실현할 수 있다. 산업계에서는 개발리스크의 존재로 자체적으로 수행하기 어려운 기초·원천 기술의 응용, 대학·연구소로부터의 기술이전을 통한 제품경쟁력 강화, 유능한 인력 확보 등의 이익을 추구하는 것이 가능하다.

▪ 산학협력은 지식의 창출, 활용 및 확산을 가능케 하는 메카니즘으로서 클러스터의 형성 및 발전에 핵심적 요소이다. 클러스터접근의 산업정책은 혁신 주체간 연계 및 상호작용·학습을 통한 지식의 창출·활용·공유를 통해 자원배분의 효율성 및 경제적 성과의 극대화를 달성할 수 있다는 인식에서 출발하고 있다. 특히 기업과 대학·연구소간의 협력·연계를 통한 지식 창출·확산을 핵심적 요소로 강조하고 있다.

▪ 산학협력체제의 메카니즘에서 참여주체들간의 공식적 관계는 빙산의 일각(Tip of an iceberg)에 불과하며, 산학협력·교류의 대부분은 비공식적이고 간접적인 경로나 기록되지 않은 직접경로를 통하여 이루어진다.

▪ 주요한 공식적인 산학협력 메카니즘으로는
① 산학연 공동실험실 운영
② 대학·연구소로부터 스핀오프(Spin-off)기업의 창출
③ 라이센싱(Licensing)
④ 산학연간 공동연구과제의 계약·수행 등의 활동이다.

▪ 산학협력에서 중요한 역할을 담당하는 주요 비공식적 경로는
① 산학연간 연구자의 교류 및 이동
② 공동 논문발표
③ 학술세미나 및 전문매체
④ 연구 인력간 비공식 접촉

⑤ 대학 졸업생의 산업체 유입 등

▪ 이러한 측면에서 산학협력의 활성화를 도모하기 위해서는 다양한 차원에서 참여 주체들 간 네트워크(교수-졸업생간 비공식적 네트워크 등)를 구축함으로써 산업계와 대학·연구소간 지식의 흐름을 체계화·극대화 해나가는 것이 대단히 중요한 의미를 지닌다고 할 수 있다.

각각의 분류의 관점과 포괄하고 있는 산학협력 활동의 범주에 따라 산학협력 유형이 다양하게 분류되어 왔는데, Henrekson and Rosenberg(2000)은 스웨덴 사례를 중심으로 산학협력의 유형을 6가지로 구분하였다.

산업체에 의해 지원되는 대학의 상업적 연구개발 프로젝트, 대학에 의한 기업체 컨설팅과 기술지도, 대학에 의한 산업체 출신의 산학연계 전문가 활용, 대학과 산업체가 공동으로 운영하는 연구소, 대학의 연구결과를 상업화하기 위한 기업체 설립 운영, 대학이 보유한 특허 및 기술을 이전하여 상업화하는 연구개발 전문회사 및 개인들에 대한 재정적 지원 등이 그것이다.

<표 Ⅲ-2> 신산학협력 4대영역별 정책방안

유형		신산학협력 4대영역별 정책방안
수요자 중심 교육	취업연계형 맞춤교육	· 기업이 원하는 맞춤형 인재육성프로그램 개발 · 산업계 수요를 반영한 교육프로그램으로 졸업생 취업
	현장실습 및 인턴십	· 이론과 실무가 겸비된 교육 실시로 청년취업률 제고 · 전경련, 중기협 등 경제단체와 협조하여 인턴십 확대
	산업아카데미 확산	· 기업 임직원에 대한 지속적 재교육 실시
기술 혁신형 연구 개발	연구개발의 사업화 대폭강화	· 사업화단계 연구과제를 우선 지원 · 산학협력 사업 평가시 기업만족도 및 사업화 성과 반영
	기초·원천기술의 사업화 연계 강화	· 개발단계부터 산업계 공동참여로 사업화 기간 단축
	연구개발 인력양성 프로그램 연계	· 석·박사에 대한 연구지원금 인정비율 확대
기술 이전 및 기술 지도	1사 1전담 교수제 (family doctor)확산	· 산기대의 가족회사제도 장점을 살린 1사1전담 교수제 도입
	기술 및 경영지도	· 대학교수를 중심으로 분야별 기술지원체제 도입 · 마케팅, 금융, 회계 등 경영부문 종합지도
	산학협력기구 통해 대학의 기술이전 및 중개기능 강화	· 대학 기술이전 전담조직의 활동 강화 · 대학별로 판매/ 라이센싱 대상기술의 리스트 공개
창업 지원	대학내 창업지원기반 강화	· 대학 내 첨단 창업지원기반 확충해 제2의 벤처창업 붐 확산 · 창업보육센터를 중심으로 대학내 창업보육기능 강화 · 테크노파크를 보육 졸업한 기업을 위해 전문기관 활용
	창업교육 확대	· 대학에서 창업 이론과 방법에 대한 전문교육 추진 · 기업가 및 과학자 일대기를 통해 기업가 정신 함양

자료: 국가균형발전위원회(2004)

<표 Ⅲ-3> 인적자원개발중심 산학협력 프로그램 구분

대분류	세분류	세부 프로그램/활동
수요자 중심 교육	취업연계형 맞춤교육	· 주문식 교육 및 계약학과 등 · 기업이 원하는 맞춤형 인재육성프로그램 개발 · 산업체 수요를 반영한 교육프로그램으로 졸업생취업능력 제고 · 산업체 주문에 의한 정규 및 비정규 교육과정
	현장실습/인텁십	· 산업체 현장실 및 인턴제도
	위탁교육	· 산업체의 위탁교육: 학위 과정, 향상훈련과정, 단기연수, 자격취득과정 · 학교의 산업체교육: 산업체연수원, 산업체근로자 대상교육 · 정부 주도 위탁교육: 장단 연구과정, 각종 향상 훈련 과정 · 실업자 프로그램, 전직자 프로그램, 창업교육
	차세대 성장동력 인력양성	· 차세대 성장동력 산업을 선도할 혁신적 인재의 양성 · 창의력과 상상력을 증진하는 대학교육
	산업아카데미 확산	· 기업 임직원에 대한 지속적 재교육 실시
공동 연구 개발 및 사업	공동기술개발	· 산업체와 공동기술 개발 · 산업체의 애로기술 지원 · 대학/연구소/산업/지역/전국의 모든 수준에서 기술거래 및 중개기능 강화 · 대학 기술이전 전담조직의 활동을 강화 · 대학별로 판매 또는 라이센싱 대상 기술의 리스트 공개
	학교기업운영	· 산업체 전문가를 전담요원으로 초빙 · 산업체 전문가의 기술지원
	창업보육센터 운영	· 학교내 창업보육센터 지원 · 대학에서 창업이론과 방법에 대한 전문교육 추진 · 중·고교에서 기업가, 과학자 일대기를 통한 기업가정신 함양 · 대학 및 연구소 기반의 혁신기업/벤처창업 붐 확산 벤처 생태계에 대한 체계적 지원/관리(자금, 마케팅, 법률, 회계)
	테크노파크	· 인근 산업체 및 교육기관과의 협의체 구성 · 신기술 개발 및 기술 지원
	산업별 연구개발협의회	· 개발 단계부터 산업체 공동참여로 연구개발의 효율성 제고 · 지역의 연구개발 수요파악 · 산업화 단계 연구과제를 우선 지원 · 산학협력 사업 평가시 기업만족도 및 사업화 성과 반영

대분류	세분류	세부 프로그램/활동
인적·물적자원의 교류	인적자원 교류	· 산업체 인사의 학교 이사회 및 학교운영위원회 참여 · 산업체 현장 전문가의 정규교원, 시간제 교육, 산학 겸임교원, 현장실습 지도교사 등 학교교원으로 초빙 · 학교 교원을 위한 산업체 연수, 기업진단, 자문제공 등을 위한 전문가 초빙
	물적자원교류	· 산업체는 학교에 실습기자재 제공 · 학교는 산업체 지원에게 시설 설비에 대한 실습기회 제공
	1사 1전담교수제	· 가족회사제도 장점을 살린 1사1전담 교수제 도입
	기술 및 경영지도	· 대학교수를 중심으로 분야별 기술지원체제 도입 · 마케팅, 금융, 회계 등 경영 부문 종합지도
정보의 교류	산업체의정보제공	· 기술변화 정보, 노동시장 변화정보, 고용정보 등
	학교의 정보제공	· 학교의 교육과정 운영 관련정보, 학생 개인의 성취도 정보

자료: 이종선·주용국(2005)

2) 산학협력의 유형

산학협력은 연구·기술개발 또는 인력양성·훈련, 인적교류 및 정보교환 등과 같은 다양한 목적의 사업을 추진하는 과정에서 산업체·연구소·대학 등 각 참여주체들이 상호 작용·협력하는 현상을 지칭한다. 협력의 주된 목적에 따라 공동 연구·기술개발, 교육·훈련, 생산지원 및 기술이전, 인적교류 및 정보교환 등 매우 다양한 형태로 전개된다.

<표 Ⅲ-4> 목적유형별 산학협력 활동 분류

목적유형	주요 내용
연구·기술개발	공동연구(국가R&D과제 등), 위탁연구, 파견연구, 초청연구 등
교육·훈련	주문식·맞춤형 교육, 재학생 현장실습 및 인턴사원 채용, 산업체직원 재교육훈련, 산업체 장학금 지원 후 수혜학생 채용 등
생산지원 및 기술 이전	대학·연구소 기술의 기업이전, 생산현장 애로기술해결·기술지원, 기업기술개발 지원을 위한 기반시설 및 창업보육센터 운영, 시설공동이용 등
인전교류 및 정보 교환	연구자의 교류·이동, 공동 학술세미나, 연구인력간 비공식적 네트워크

자료 : 윤윤규·이재호(2004)

산학협력관계의 다양성과 복잡성에 따라 산학협력의 유형도 다양하게구분 될 수 있지만,일반적으로 목적, 주체, 연구자금조달 및 연구수행실적에 따라 산학협력의 유형을 구분할 수 있다.

가. 목적에 따른 산학협력의 유형

산학협력의 유형은 목적에 따라 교육을 위한 산학협력과 연구·개발을 위한 산학협력으로 구분된다. 교육을 위한 산학협력은 인적교류와 물적교류가 가능하며, 다시 인적교류는 교원의 교류와 학습자의 교류로 구분된다. 학습자의 교류는 주체가 학생인 경우, 산업체 직원인 경우, 그리고 교원인 경우가 있다. 주체가 학생인 경우도 교양교육으로서의 현장경험교육과 직업교육으로서의 현장경험교육으로 구분된다.

또한 물적교류는 실험 실습기구 및 시설의 이용 증대, 장학금 지급, 각종 교육자료와 정보의 교환 등이 있다. 한편 연구·개발을 위한 산학협력은 인적교류와 물적교류로 구분되며, 인적교류는 학교와 산업체 인사 간의 공동연구, 대학으로의 위탁연구, 기업체에 대한 자문 활동이 포함된다. 또한 물적교류는 학술활동비보조, 연구비 보조, 연구시설의 공동이용, 연구결과 및 기술정보의 교류활동이 포함된다.

나. 주체에 따른 산학협력의 유형

산학협력의 유형은 주체에 따라 산업계 주체, 학계 주체, 유관기관 주체의 산학협력으로 구분된다(이무근,2003). 산업계 주체 산학협력은 현장실습과 견학기회의 제공, 제반시설의 제공, 연구비 보조, 그리고 정보제공 등을 들 수 있다.학계 주체 산학협력은 산업계에서 필요로 하는 인력의 양성, 산업계 인사의 교육실시, 연구 및 교육시설의 제공, 그리고 자문활동 등을 들 수 있다.

그리고 유관기관 주체 산학협력은 산학협력을 위한 입법조치 및 행·재정적 지원을 들 수 있다.또한 교육기관과 산업체와의 연계 형태에 따라 교육기관 중심형, 산업체 중심형, 교육기관-산업체 연계형으로 산학협력 유형을 구분할 수 있다. 교육기관 중심형은 상호간 고유기능을 가진 독립 체제를 유지하면서 제한된 수준에서 현재의 활동을 지원하거나 자원을 교류하는 수준의 산학협력 유형으로 전통적인 교육기관 중심의 산학협력단이 이에 해당한다.

그리고 산업체 중심형은 지역 내 중소기업이상호간 고유기능을 가진 독립 체제를 유지하면서 지역사회중심의 상호연계기능을 강화하는 유형이다. 또한 교육기관-산업체 연계형은 상호간지원의 통합적 투자를 통한 추진유형이다.

<표 Ⅲ-5>산학협력의 개념 비교

구분	기존 산학협력	신 산학협력
기본개념	공급자 중심/정부주도형	수요자 중심/주체별 네트워크형
지원범위	프로젝트/학과/전공별 부분적 지원	산업교육기관 단위의 조합적 지원
참여범위	지엽적(교수별/과제별)	총괄적(학생/교수/산업체 인력)
산학협력 목적	R&D 중심	실용화/상품화 중심
교육	이론/연구 중심 취업과 연계되지 못한 현장실습/실무	실무 능력·전문성 강화 취업연계형 현장실무/실습 중심

자료: 국가균형발전위원회(2004)

다. 연구자금조달 및 연구수행실적에 따른 산학협력의 유형

OECD(2002)에서는 OECD국가들을 연구자금조달 및 연구수행실적이라는 두 측면에서 관련 주체들(특히 정부, 공공연구기관)이 수행하는 역할에 따라 산학협력의 유형을 구분하고 있다(<표 Ⅲ-6 참조).

<표 Ⅲ-6> OECD국가들의 산학협력 유형 분류

유형	구분	국가
유형 ①	연구자금조달과 연구수행실적에 있어 정부·공공연구기관 역할이 매우 높은 국가들	
	①-1 대학중심(university-based)체계	터키
	①-2 연구소중심(institute-based)체계	헝가리, 아이슬란드
	①-3 절충형(broad-based)체계	이탈리아, 뉴질랜드, 폴란드, 포르투칼, 멕시코
유형 ②	연구자금조달과 연구수행실적에 있어서 정부·공공기관의 역할이 다소 높은 국가들	
	②-1 대학중심(university-based) 체계	오스트리아, 스페인
	②-2 절충형(broad-based)체계	프랑스, 네덜란드, 노르웨이
유형 ③	연구자금조달과 연구수행실적에 있어 정부·공공연구기관의 역할이 평균적인 국가들	
	③-1 대학중심(university-based)체계	캐나다, 영국
	③-2 연구소중심(institute-based)체계	체코공화국
	③-3 절충형(broad-based) 체계	덴마크, 핀란드, 노르웨이, 독일
유형 ④	연구자금조달과 연구수행실적에 있어서 정부·공공연구기관의 역할이 낮은 국가들	
	④-1대학중심(university-based)체계	벨기에, 아일랜드, 일본, 스웨덴, 스위스, 미국
	④-2 연구소중심(institute-based)체계	한국

자료:OECD(2002),BenchmarkingIndustry-scienceRelationships

OECD에서는 우선 연구자금조달과 연구수행실적에 있어서 정부·공공연구기관의 역할에 따라 4가지 유형으로 구분하였다. 그리고 4가지 각각의 유형내에서 공공연구기관 중 대학의 역할 정도에 따라 3개의 하위 범주, 즉 대학중심(university-based), 연구소중심(institute-based), 절충형(broad-based)으로 세분화하고 있다.

그리고 각 유형과 하위 범주에 속하는OECD국가들을 구체적으로 제시하고 있는데, 우리나라의 경우 유형 ④에 속하는 것으로 나타났다. 한편 OECD 국가들이 향후 산학협력 관련 정책수립을 위한 기본방향을 설정하기 위해서 각 유형별 시사점을 다음과 같이 제시하고 있다(김형만 등, 2005).

연구자금조달과 연구수행실적에서 정부·공공연구기관의 역할이 매우 높은 유형 ①의 국가들은 공공연구기관의 연구 성과에 대한 민간기업의 기술흡수능력 제고가 주된 정책과제로 제기되며, 이를 위해서 공공부문 중심의 연구개발 활동을 민간부문으로 이전시키려는 노력이 필요하다.

연구자금조달과 연구수행실적에서 정부·공공연구기관의 역할이 다소 높은 유형 ②와 평균적인 유형 ③의 국가들은 산학협력의 발전을 도모함에 있어서 기술혁신 투자의 중복성을 감소시키고 또한 산업의 수요에 대한 공공부문의 대응성을 강화하는데 주안점을 둘 필요가 있다.

연구자금조달과 연구수행실적에서 정부·공공연구기관의 역할이 낮은 유형 ④의 국가들은 우선적으로 대학의 지적자산 활용도를 높이면서 연구수준을 제고하고 연구개발에 대한 낮은 정부투자의 효과를 극대화하려는 노력이 필요하다.

라. 대학과 산업체의 산학협력 유형

대학과 기업의 관계는 복잡한 관계이며, 개별 주체들간에 어떤 관계가 형성될 수 있는가는 각 주체들의 목표나 목적, 그리고 그들의 특성에 의존하게 된다. 관계의 강도 측면에서, 중심 주체의 관점에서, 활동 내용, 거래 내용 등 다양한 관점에서 유형분류가 가능하게 된다.

아래 <그림 Ⅲ-1>은 Feldman et al(2001), Malinen & Toivonen(1998)처럼 대학과 기업의 관계(University-Industry Relationship)를 개별 활동과 거래의 관점에서 거래되는 대상을 기준으로 도시한 것으로, Feldman et al(2001)의 경우 대학과 기업이 제공하거나 제공받는 것들이 혼재되어 있는 반면, 여기서는 대학이 제공하는 것에 중점을 두어 도시한 것이다.

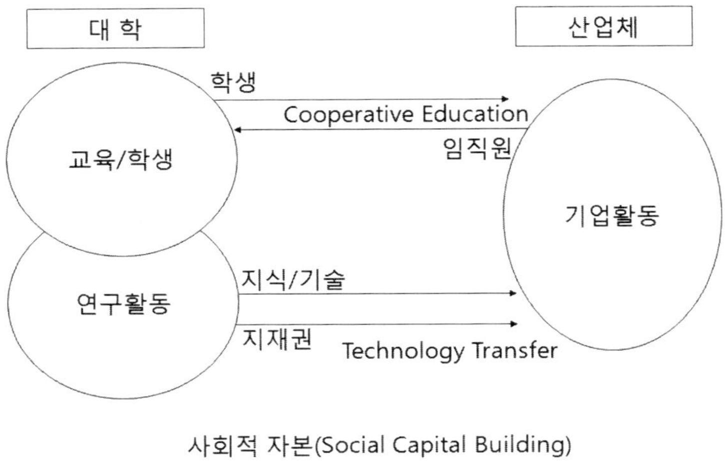

자료: 정기오·민철구·박준경(2006)

<그림 Ⅲ-1> 대학과 기업의 관계

기본적으로 대학의 주 활동은 학생들의 교육과 연구 활동이라고 할 수 있으며, 이 두 활동을 기반으로 기업과의 관계가 형성된다고 할 수 있으며(Fusfeld & Haklisch, 1984), 따라서 대학과 기업의 협력활동의 유형은 협력이 이뤄지는 활동영역에 따라 크게 4가지로 분류 가능한데, 학생 및 임직원에 대한 교육협력, 공동연구, 대학의 기술이전, 사회적 자본형성 활동 등이 그것이다.

교육활동과 관련하여 기업은 졸업생들을 채용하고, 임직원의 지속적인 재교육을 시키게 됨. 이때 보다 우수한 대학생을 양성하여 채용하기 위해 기업과 대학은 다양한 형태의 교육 협력(cooperation in education)을 수행하게 된다. 즉 현장실습이나 주문식 교과과정 등은 우수한 그리고 기업친화적인 인력을 채용하기 위한 교육 협력의 일환이라고 볼 수 있다.

한편 대학의 연구 활동과 관련 하여는 대학은 기업에서 유용할 수 있는 지식 저량(연구역량, 지식, 기술, 관련 정보 등)을 보유하고 있고, 또한 그간의 연구 활동의 결과로서의 지재권도 보유하고 있음. 지식이나 기술의 경우는 공동연구나 기술지도 등의 형태를 통해서 이뤄지며, 지재권 등의 거래

가능한 성과물은 라이센스, 창업 등 다양한 기술이전 형태를 통해 이뤄지게 된다. 물론 연구 활동은 참여한 학생들의 교육·훈련과도 연계되어 교육협력의 성격도가지고 있다. Fusfeld & Haklisch(1984)의 경우 공동 연구도 기업측면에서는 궁극적으로 교육을 목적으로 한 것이라고 주장하기도 하지만, 일반적으로는 산학간 공동 연구는 대학이 가진 지식 및 연구역량에 대한 이전을 목적으로 수행되는 것이 일반적이다.

이외에도 대학과 기업의 관계가 유지되거나 보다 효율적이기 위해서는 상호간에 사회적 자본을 형성하기 위한 여러 활동들이 부가적으로 이뤄날 수 있다. 가장 대표적인 것은 상호 인력이동과 설비의 공동 활용 등이 그것인데, 이것은 상호간에 신뢰를 쌓는 과정으로 모든 산학협력활동을 수행하기 위한, 특히 장기적인 활동을 수행하기 위한 기반이 되는 것이긴 하나 그 자체가 목적이 되지는 않는다.

<표 Ⅲ-7> 대학과 기업의 관계 유형

유 형	세부 유형
교육 협력	- 계약형 교육/훈련 - 교육과정/교육프로그램 공동개발 - 장학금 등 교육지원 - 현장실습 및 인턴쉽 - 임직원 교육(재교육, 학위과정 등)
공동연구 (지식이전)	- 공동기술개발 - 석박사 학생의 연구지도 - 연구장학금 - 위탁 연구/컨설팅 - 산업별 연구개발협의회 - 기술 및 경영지도
기술(IPR)이전/기술거래	- 대학 보유 특허의 이전 - 특허 외 다른 지적재산권 이전 - 창업활동 및 관련 장려책, 인프라
사회적 자본 형성	- 장비공유 - 정보제공 - 공식적, 비공식적 네트워크 - 인적교류(겸인교수, 파견근무 등) - MOU(가족회사, 산업별 연구개발협의회 등) - 관련제도, 인프라 정비

자료: 정기오·민철구·박준경(2006)

대학의 궁극적인 목적은 능력 있는 인력을 양성하는 것이라고 하면, 위에서 정의한 4개 유형의 산학협력 활동은 모두 인력양성과 관련된다고 할 수 있다. 다만 그 대상과 방법에 있어서는 차이를 보이는데, 교육협력 유형에 포함되는 산학협력 활동, 특히 계약형 교육, 교육과정 공동개발, 현장실습 등은 학생이나 임직원의 교육방식이나 교육내용에 직접적으로 관여함으로써 인력양성과 직접적으로 관계된다.

한편 공동연구 유형의 활동은 지식이전을 위한 활동이며, 참여하는 교수나 교직원들의 현장에 대한 이해와 지식을 축적할 기회를 제공하고 이는 다시 학생 등의 교과과정 및 교육내용에 반영될 수 있다. 또한 공동연구에 참여하는 학생들 대부분은 대학원생들은 연구 활동을 통해 직접적으로 기업 현장에 대한 이해를 높일 기회를 가지게 된다.

기술이전이나 사회적 자본의 형성 역시 공동연구와 마찬가지로 대학 및 교수진의 산업 현장에 대한 이해를 증진시킴으로써 교육을 위한 교과과정이나 교육내용에 반영될 수 있거나 혹은 전반적인 대학과 기업간의 관계를 증진시킴으로써 대학의 산학협력 교육활동이 내실화 될 수 있도록 하는데 의미가 있다.

마. 산학협력체계의 국가간 유형분류

(1) 한 국가 내에서도 기업간·지역간 전략산업분야 및 기술혁신능력의 차이가존재하여 일률적인 산학협력 유형을 도출하기가 쉽지 않다.

▪ 먼저 대기업과 중소기업 간에도 연구역량의 수준 및 규모, 기술의 성격·분야, 비교우위 산업분야 등에서 차이가 존재하여 산학협력의 구체적인 추진 내용이 다르게 나타날 수밖에 없다.

▪ 산업분야별로도 산업의 기술혁신 특성에 따라 산혁협력 활동의 방향 및 내용에 있어서 상당한 차이를 보일 수밖에 없다.

▪ 대학유형별로도 산학협력의 중점영역이나 내용이 다르게 설정될 것이다.(연구 중심대학, 지역거점대학, 기술교육대학)

(2) OECD는 국가간에 존재하는 산학협력관계의 다양성·복잡성에도 불구하고, 연구자금조달 및 연구수행이라는 두 측면에서 관련 주체들(특히 정부, 공공연구 기관)이 수행하는 역할에 따라 산학연 협력관계를 몇 가지로 유형화하고 있다.

▪ 먼저 연구자금조달과 연구수행실적에 있어서 정부·공공연구기관의 역할에 따라서 4가지 유형으로 구분된다.

바. 국가간 유형에 따른 정책수립의 기본방향

(1) 정부, 공공연구기관 역할이 높은 유형

▪ 연구자금조달과 연구수행실적에서 정부·공공연구기관의 역할이 매우 높은 유형 ①의 국가군에 있어서는 공공연구기관의 연구성과에 대한 민간기업의 기술흡수능력 제고가 주된 정책과제로 제기되며, 이를 위해서는 공공부문 중심의 연구개발 활동을 민간부분으로 이전시키는 노력이 필요하다.

(2) 정부, 공공부문 역할이 평균이상인 유형

▪ 유형 ②와 유형 ③에 속하는 국가들은 산학협력관계의 발전을 도모함에 있어서 기술혁신 투자의 중복성을 감소시키고 또한 산업의 수요(needs)에 대한 공공 부문의 대응성을 강화하는데 주안점을 두는 것이 요구된다.

(3) 정부, 공공부문 역할이 낮은 유형

▪ 연구자금조달과 연구수행실적에 있어서 정부·공공연구기관의 역할이 낮은 유형 ④의 국가군은 우선적으로 대학의 지적자산 활용도를 높이면서 연구 수준을 제고하고 연구개발에 대한 낮은 정부투자의 효과를 극대화(leverage) 하는 정책을 추진하는 것이 필요하다.

사. 산학협력 주체별 역할과 기능

산학협력의 주체는 크게 직업교육기관(전문계고, 대학), 산업체, 정부기관으로 구분될 수 있으며,각 주체별 역할은 <그림 Ⅲ-1>과 같다. 중앙정부는 산학협력에 대한 규제를 위한 법령 제정과 개정의 주체, 행·재정지원의 주체, 그리고 각종 제도 관리 및 평가의 기능을 수행하게 된다.

또한 지방자치단체는 지역차원의 산업경쟁력 강화와 인력양성을 위해 지역소재 직업교육기관과 지역 산업체가 유기적으로 연계될 수 있도록 유도하고 조정하는 역할을 담당할 필요가 있다.

그리고 산업체, 직업교육기관은 상호 간에 각종 교육훈련 프로그램, 기술 개발 및 지도, 정보 등과 같은 소프트웨어가 상호 교류되고, 나아가 인적자원의 교류를 통해 지역단위의 산학협력을 구축할 필요가 있다.

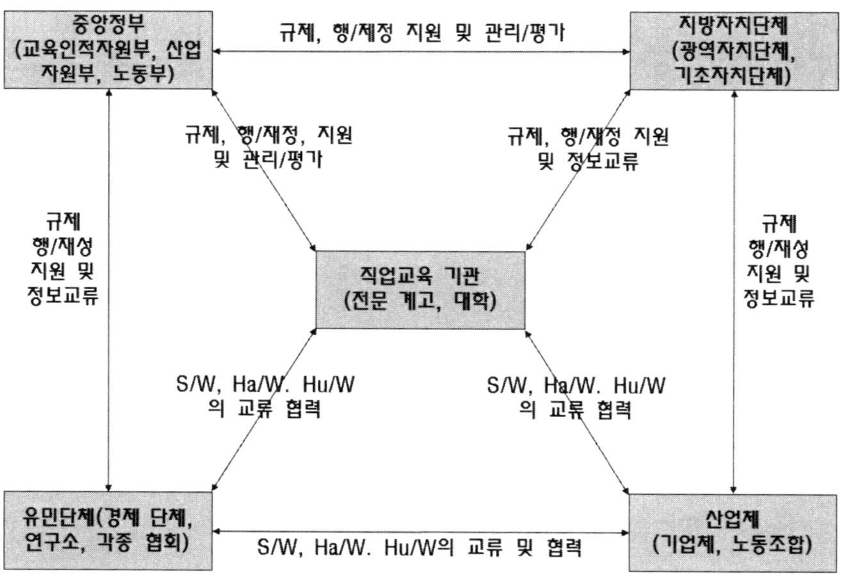

자료: 정지선 등(2005)

<그림 Ⅲ-2> 산학협력 주체별 역할 모형

직업교육기관, 산업체, 정부의 각 주체별 산학협력 활성화를 위해 개선해야 할 사항을 통해 살펴본 주체별 산학협력 역할은 <표 Ⅲ-8>과 같다.

<표 Ⅲ-8> 산학협력 주체별 역할

산학협력 주체	산학협력 관련 역할
직업교육기관	· 직업교육기관별 특성에 맞는 산하협력 전략과 로드맵 개발 · 현장실무 중심의 교육체제 확립 · 산학협력 참여 교원 확충 및 인센티브 부여 · 산학협력을 지원할 전문 인력 확충 · 산학협력 관련 인프라 확충 및 개선 · 산학협력 관련 재정 확충 · 학교장의 산학협력에 대한 인식 개선 · 대학의 교육 분야 이외의 분야에 대한 산학협력의 강화 · 산학협력 관련 윤리의식 강화 · 전문계고의 산학협력 총괄 기구의 신설 검토
산업체	· 사업주의 산학협력에 대한 인식의 개선 · 직업교육기관에 대한 인적·물적 지원 강화 · 산업별 인적자원개발협의체(sector council)의 구축·운영 활성화 지원 ·산학협력 포럼의 주도
정부	· 국가 차원의 산학협력 전략과 중장기 로드맵 개발 · 산학협력 관련 사업과 정책의 조정기제 마련 · 산학협력 관련 정책지원기구 신설 혹은 지정 · 산학협력 종합정보시스템 구축 및 확산 · 산학협력 매뉴얼 개발과 정보 제공 · 지역 중심의 산학협력체제 구축을 위한 행·재정적 체계 개편 · 산학협력관련 법률 및 제도의 개선 · 학교 및 산업체에 대한 산학협력 관련 인센티브 조정 · 산학협력 관련 재정지원의 확충 · 전공과 취업의 연계를 위한 사회적 지원체계 구축 · 직업교육기관 출신 기술 인력에 대한 지원강화 · 직업교육기관과 기업의 상호보완관계로 전환의식 필요 · 경제 단체 등과의 협력 확대

자료: 정지선 등(2005)

3) 산학협력의 현황

가. 산학협력 사업의 운영 유형

산학협력은 연구·기술개발 또는 인력양성과 같이 서로 다른 목적의 사업

추진 과정에서 나타나는 산업체·연구소·대학간의 상호작용이며, 협력을 통해 시너지효과를 창출하고자 하는데 목적을 두고 있다.

(1) 산학협력의 사업유형은 크게 3가지로 대별할 수 있으며, 공동연구개발을 위한 산학협력, 고급인력양성을 위한 산학협력, 기술이전 및 창업보육을 통한 산학 협력 등으로 구분할 수 있다.

(2) 공동연구개발을 위한 산학협력은 정부 각 부처별로 장·단기 연구개발사업 추진을 통해 이루어져 왔으며, 과학기술부의 21세기 프론티어연구개발사업, 국책연구개발사업, 우수연구센터(SRC, ERC) 육성사업 등과 산업자원부의 공동 연구기반구축사업, 산업기술기반조성사업, TIC 등, 그리고 중소기업청의 산·학·연 컨소시엄사업 등이 이에 해당된다.

(3) 교육·인력양성을 위한 산학협력은 이론과 실무를 겸비한 현장맞춤형 인재 양성사업으로 발전하였으며, 교육인적자원부는 BK21사업, NURI사업 등을 중소기업청은 대학의 인력·설비활용을 통한 중소기업기술인력양성사업 등을 그리고 산업자원부는 산학협력중심대학, 지역혁신인력양성사업, 신기술중소 기업인력지원사업 등을 수행하고 있다.

(4) 기술이전 및 창업보육을 통한 산학협력사업에는 연구개발사업 성과의 거래 및 사업화를 위한 기술이전 촉진사업, 창업보육센터 운영 등이 있으며, 과학 기술부는 연구성과 확산사업, 산업자원부는 신기술 실용화 및 창업보육사업 등, 정보통신부, 중소기업청 등 분야별로 기술이전 사업을 운영하고 있는 상황이다. 최근 부처간 협력에 따른 산학협력사업 추진 및 기존 사업내에서도 HRD, R&D, 기술사업화가 연계된 사업들이 추진되고 있다.

(5) 산학협력중심 대학육성사업은 교육인적자원부, 산자부, 노동부 등의

협력사업으로 추진되고 있으며 선도 TLO사업도 교육인적자원부, 산자부 협력으로 추진되고 있다.

(6) 교육인적자원부의 BK21사업, NURI사업들도 산학협력사업을 세부 사업으로 추진하는 등 복합화 된 사업이 강화되고 있다.

나. 산학협력의 성과

(1) 기술혁신능력 강화

▪ 기술개발을 위한 정부주도형 R&D에서 산업주도형(수요지향적, 시장지향적) R&D로 전환을 이루는데 기여하였으며, 일률적인 기술개발에서 원천·핵심 기술개발·상용화·사업화, 마케팅화가 일체된 one-stop 기반을 마련하였다.

▪ 산학협력사업으로 인해, 과기부는 프론티어연구개발사업, 국책연구개발사업, 우수연구센터 육성사업 등에 R&D 활동을 촉진하여 수많은 연구논문과 특허를 양산하는 데 성공하였다.

▪ 산자부는 산업혁신기술개발, 부품소재, 지역특화 등의 연구개발투자로 주력 산업뿐만 아니라 첨단산업분야의 기술수준을 세계적 수준으로 향상시키며, 첨단기술분야의 핵심인력을 양성하였다.

▪ BK, NURI 사업추진에 따라 기업, 연구소 및 대학이 공동으로 추진하여 교육 활동, 인력양성의 활성화를 통해 이론과 실무능력이 통합된 인재양성에 기여하였다.

▪ 산학협력중심대학사업 등의 추진을 통하여 지역전략사업과 IT, BT 등 신산업 분야의 산업현장 기술인력에 대한 현장맞춤형 신기술 재교육을 실시함으로써 수요자 중심의 인력양성에 있어 중요한 역할 수행하였다.

(2) 기술사업화 능력 강화

▪ 산학 연계사업을 통해 연구개발사업의 성과를 권리화하고, 기술의 민간 이전 및 실용화를 촉진하는 등 국내기술보호 및 연구개발투자의 생산

성 제고에 기여하였다.

▪ 선도 TLO사업, TP육성사업 등을 통하여 지역별 기술사업거점기관 육성 등 대학, 연구기관 등을 활용한 기술사업화 능력을 강화하였다.

다. 산학협력의 문제점 분석

(1) 연계·기획 분야

▪ 산업체의 장기적 핵심역량 제고 및 신기술 발전경로를 탐색하기 위한 산학연계에 의한 전략적 기획력이 취약하다.

▪ 공급자 중심의 산학협력 추진에 따라 산업계의 니즈를 반영하지 못하며 산업계 또한 인력양성, 기술개발, 사업화 등 산학연계 선순환체계 구축을 위한 기획 네트워크 참여에 소극적이다.

▪ 산학연 연계를 위한 프로그램이 존재함에도 혁신 주체의 지향점이 서로 달라 연계 유인의 효과성이 크지 않은 실정이다.

▪ 기업은 연구결과의 사업화, 기술의 상업적 가치 등에 관심을 가지고 있는 반면 대학은 학술지향적인 측면에 관심이 있다.

(2) 인력양성 분야

▪ 대학과 기업간의 혁신역량 차이에 따른 산학협력에 의한 인력양성의 Mismatch가 발생한다.

▪ 부문별·학력별 인력수급 괴리(Job Mismatch)와 고급기술인력의 기술수준 미흡 (Skill Mismatch)으로 구인난/구직난이 병존하는 구조이다.

▪ 신입사원이 대학에서 습득한 지식은 기업필요수준의 26%에 불과하여 이들을 재교육시키는데 평균 2년이 소요된다.

▪ 공급자 위주의 교육으로 신기술 발전 및 기술융합화에 따라 산업계에서 필요로 하는 혁신주도형 인력 양성이 미흡하다.

▪ 인력이 양적으로는 과잉배출 되고 있으나, 질적으로는 10대 차세대 성장동력 분야 및 6T 등의 신기술분야에서 핵심인력이 부족하다.

(3) 기술개발 분야

▪ 기술환경변화에 맞는 산·학·연 연구주체의 고유역할 정립과 협력이 부족하다.

▪ 대기업의 경우 기술개발에 필요한 인력과 기술을 자체 보유하고 있고 중소기업의 경우 외부지식의 흡수역량이 취약하다.

▪ 폐쇄적인 조직문화, 인력 유동성 미비, 인센티브 부족으로 협력이 저조하며, 실용적 연구역량에 대하여 회의적이다.

▪ 기업들은 그 동안의 많은 시행착오를 통해 교수들의 학술적 연구목표와 업계의 실용적 연구목표 간에 커다란 괴리가 있다는 점을 이미 학습하였다.

▪ 대학이 산업체가 필요로 하는 기술수요에 적절히 따라가지 못하는 것이 현실이다.

(4) 기술사업화 분야

▪ 최근 기술보유 및 기술이전 실적이 증가하고 있으나 아직 전반적으로 취약하다.

▪ 대학 연구 성과 사업화를 위한 제도적 기반 미비, 기존 대학내 창업보육센터 및 실험실 창업을 통한 창업 지원시 창업성공률 부족, 또한 이를 지원하는 창업보육센터의 적자운영 등으로 대학의 재정적 부담 과중되고 있다.

▪ 대부분의 입주기업은 R&D에 집중한 나머지 사업화 등 향후사업에 있어서 핵심기능인 마케팅 등 보완적 기능과의 연계가 부족하다.

▪ 대학 내에 과학기술 기반형 기술사업화를 위한 제도적 장치 미비(학교기업, 기술 지주회사 등)하다.

라. 중점 과제별 추진

(1) 연계·기획 기능 강화

▪ 지역의 기술혁신 인프라에 기반한 산학연계 기획업무 개발을 위하여 “지역 혁신형 기획 · 분석 프로그램” 개발 지원한다.

▪ 지역산학간의 전략적 기획연계를 강화하기 위하여 지역과학기술 하부 구조 분석 및 기술수요조사(1단계), 대안적 시나리오 검토 및 제안(2단계), 우선순위 행동프로그램의 실행 및 체계적 모니터링(3단계) 등으로 진행한다.

▪ 이탈리아 밀라노는 지역혁신전략으로 중소기업대상 기술소요분석과 기술하부 구조 분석 등을 통하여 시장지향적 산학간 긴밀한 네트워크를 지향하고 있다.

▪ 단위 지역별로 지방자치단체, 대학, 기업, 연구기관 등의 지역주체로 구성된 협력체제(가칭 산·학·관 연대 Summit)를 중심으로, 지역 강점의 지방대학 육성대상 사업을 발굴토록 유도한다.

▪ 산학관 연대 Summit에서 지방대학육성 관련 지역발전 정책사업계획서를 지자체가 관련부처에 제출, 관련 부처는 이를 인적자원혁신본부와 관련부처 (교육부, 과기부, 산자부 등)에 상정하여 심의 후 지방대학에 예산지원

※ 일본의 지적클러스터 사업은 지역대학을 중심으로 지자체, 연구기관, 기업체 등이 중핵기구를 설립하여 지역강점의 R&BD 사업을 자발적으로 기획하고 수행한다.

▪ 지역대학의 핵심역량을 강화하고 이를 통하여 지역 경제·사회·문화 발전을 선도할 수 있는 사업 (산학관 연대사업: INNO - Regio)에 대한 지원을 원칙으로 하고, 지역산학연 협력체계 구축, 연구성과 사업화 촉진, 지방대학 졸업생 취업 제고를 위한 사업에 우선지원한다.

▪ INNO-Regio사업은 기준단위부처차원의 사업(교육인적자원부 : 인력양성, 과기부 : 연구개발, 산업자원부 : 산업체지원)을 지양한 복합사업(인력양성, 연구개발, 산업화지원이 통합된 사업)에 기획·연계기능을 접목한 산업체 연대의 지역혁신사업이다.

▪ 필요예산은 관련부처의 사업예산을 통하여 조달하되 사업집행은 지방

대학에서 주도적으로 운영, 중앙정부는 평가를 통하여 절충한다.

▪ 대학평가, 지자체평가 등에서 지자체, 지역산업체, 지역연구기관, 지방대학들 간의 자발적 협력 등을 평가하여 그 결과를 중앙정부 예산지원과 연계한다.

▪ 구체적으로 대학과 산업체간의 연계(교육과정 공동개발, 인력교류, 공동연구개발 등), 지역산업수요의 대응정도, 지자체의 지방대학 육성정책, 기획 및 지원 노력 등을 평가한다.

▪ 자발적 지역혁신 주체간의 산학연계 기획기능을 강화하도록 지역혁신형 기획・분석 프로그램 시범 사업 선정 지원한다.

(2) 수요자 중심의 인력양성

▪ 주문식 교육과정, 현장실습, 인턴제 근무에 대한 지원 강화한다.

▪ 지역특화산업 지원중심으로 교과과정 개편하고 대학이 산업체와 연계하여 교육 프로그램 운영 시 지원을 확대하며 참여기업에 대한 세제상 인센티브를 강화하는 것이 필요하다.

▪ 지방대학·중소기업간 산학네트워크를 구축하여 대기업중심의 주문식 교육 과정을 중소기업으로 확대하도록 지원한다.

▪ 산업체(업종단체)·연구소가 주관이 되는 특정기술 분야의 강좌나 학위 프로그램의 대학 내 개설 지원 학부 중심의 지방교육중심 대학에 대해 지역산업체와 연계하여 교육 분야에 특화된 재정지원 프로그램 개발 지원한다.

▪ 지방교육중심 특화분야에서 지역산업체와 연계하여 교육프로그램 마련 시 지원 사업 강화한다.

▪ 대학구조개혁 사업을 수도권과 지방으로 이원화하여 교육중심 지향 지방대학을 위한 별도의 구조개혁 지원 프로그램 마련한다.

▪ 대학 평가시 산업체와 연계한 대학 유형별(연구중심/교육중심)로 평가 트랙 다양화한다.

▪ 대교협의 대학종합 평가시 대학 유형별 특성을 고려하여 교육중심대

학의 경우 산업체와 연계한 교육 분야가 강조된 평가 트랙 개발·적용한다.

▪ 교육부의 재정지원 사업시 산업체와 연계한 교육중심지향 지방대학을 위한 별도의 평가지표 개발·적용한다.

(3) 혁신창출형 산학연계 기술개발

▪ 대형 국가연구개발 실용화사업을 통한 민간기업과의 협력 강화한다.

▪ 국가 R&D사업선정평가위원회에 기업 CTO들의 참여를 확대하고, 평가지표 중 시장성, 사업화 성과 관련 지표 비중 제고한다.

▪ 기초·응용연구 성과를 토대로 대형 실용화사업을 활성화함으로써 민간기업 참여 유도한다.

▪ 간접연구비 공제제도 및 대응자금제도를 개선한다.

▪ 국가연구개발과제 사업비에 적정수준의 간접연구경비를 계상한다.

▪ 대학이 연구수행에 소요되는 간접연구비의 원가를 산정하고, 해당 부처는 적정비율을 간접연구경비로 인정(대학간접비산출위원회)한다.

▪ 중・장기적으로 간접비 수준을 현행 일본수준인 30%수준으로 상향조정한다.

▪ 순수 연구개발사업의 경우 대응자금 조성을 면제하고, 성격상 대학의 대응 자금이 꼭 필요한 경우는 평가지표로만 활용한다.

(4) 기술이전 및 평가기능 강화

▪ 대학(산학협력단)의 연구과제 참여에 따른 특허권 등의 소유 주체권 확립한다.

▪ 대학교수의 기업과의 연구과제에 따른 연구성과물을 대학의 직무발명으로 인식하고, 이를 대학 산학협력단으로 그 발명을 승계, 대학과 기업이 공유하는 방안으로 귀속관계 정비한다.

▪ 기업과 대학과의 산학연구과제 기본계약서상 공유 등의 법적인 관계가 인식될 수 있도록 표준계약서를 제정하여 확산한다.

▪ 연구성과로 나타난 특허권에 대하여 기업에 무상통상 실시권을 부여

하거나, 매출액의 일정부분을 산학협력단에 기술료로 납부하는 방안 검토한다.

▪ 대학이 위탁연구기관으로 국가연구개발사업에 참여시 특허권의 소유권에 대한 실시관계 정비가 필요하다.

▪ 기존 기술이전촉진법과 기술개발촉진법상 국가연구개발사업에 대학이 위탁 연구기관으로 참여시 주관연구기관이나 참여기업으로 특허권이 귀속되고 있다.

▪ 참여기업의 도산·휴업시는 발명을 제3자에게 양도할 수 없는 문제점 제기한다.

▪ 연구성과는 위탁연구기관인 대학과 참여기업이 공유하도록 하고 참여기업에는 실시권을 우선적으로 보장하도록 정비한다.

▪ 국가·기업이 동시에 지원하는 연구비에 대학이 참여하는 경우 특허권 소유 관계 정비한다.

▪ 정부와 대학의 특허지분을 일시에 처분하여 참여기업에 양도하고, 기업은 특허권 등으로 이익 발생 시 일정부분 이익을 대학에 기부토록 유도한다.

▪ 지식재산역량 및 마케팅 기능을 강화한다.

▪ BT, IT, NT 등 첨단 기술분야에서 대학이 기술경쟁력을 갖추고 있을 경우 특정 경쟁분야를 중심으로 한 세미나 등을 개최하여 관련분야 연구자들에 대한 전문적인 특허 마인드 제고한다.

▪ 연구 초기단계부터 관련학과에 연계하여 첨단 기술분야별 특허동향 등을 제공하여 연구사업화 성공확률 제고한다.

▪ 지식재산 마케팅 기능강화를 위한 지원체계의 구축을 필요로 한다.

▪ 각종 박람회, 전시회 등에 적극 참여하여 대학 보유 특허기술 홍보를 강화한다.

▪ 지식재산 마케팅 메일 자동발송시스템 등을 구축하여 새로운 기술 등에 대한 정보를 대학에 적시에 제공하는 시스템을 구축한다.

(5) 신산업창출 활성화

연구 성과 사업화 지원을 위한 기간사업비 확충

▪ 지식재산권 운영비용 등 초기 사업화 지원을 위한 전담기구의 기간사업비 마련

▪ 지식재산권 출원·등록 및 관리 운영비, 기술사업화 관련 사업비 등 연구성과사업화를 위한 지원재원 마련

▪ 연구개발사업 수행 시 연구간접비 재원 중 최저 일정부분을 산학협력단에서 연구성과 사업화 재원으로 사용토록 권장하고, 이를 향후 사업화성과 평가 시 반영토록 한다.

▪ 대학·연구소가 보유한 우수기술의 사업화 촉진을 위한 기술지주회사 제도 도입한다.

▪ 기술지주회사는 출자 받은 기술을 자산으로 벤처창업, 라이센싱, M&A등을 촉진하여 사업화에 성공한다.

▪ 산업교육진흥법 및 기술이전촉진법상 산학협력기술지주회사 설립·지원 근거를 마련한다.

▪ 학교기업 육성을 통한 기술기반형 신산업창출 육성지원한다.

▪ 실험실 창업기업형 학교기업의 기술지원과 지역벤처캐피탈과의 연계를 통한 산학연계 기술기반형 학교기업 운영 지원한다.

▪ 기술기반형 학교기업의 Spin-off시 외부와의 자금 및 경영 지원이 가능한 대학 기업으로 발전가능 하도록 발전단계별 육성한다.

▪ 현장학습이 중심이 되는 학교기업의 경우 지역기업과 연계한 지역특화형 사업화 촉진 프로그램 개발 지원한다.

2. 산학협력의 사례

미국의 실리콘밸리, 일본의 도요타 클러스터 등이 성공적인 클러스터의 사례이다. 미국을 비롯한 선진 각국은 국가경쟁력을 강화하기 위해 새로운 산업정책으로서 지역별 산학연 혁신 클러스터를 구축하는 데 총력을 기울이고 있다.

선진국의 성공적인 혁신 클러스터의 작동 요인 및 메커니즘에 대한 여러 가지 연구 결과, 지리적으로 인접한 기업체, 대학, 연구소, 지방정부 등 다양한 주체들 간의 협력적 네트워크의 구축이 혁신활동의 기폭제가 된다는 사실이 밝혀졌다. 혁신 클러스터란 기업, 대학, 연구소, 법률·회계·금융 등 기업지원기관 등이 인접하여 유기적인 협력네크워크를 형성, 혁신거점이 되는 집합체를 말한다.

미니 클러스터는 산학연관 소규모 협의체이다. 단지별 전략 업종 및 기술 특성에 따라 대·중소기업, 대학, 연구소, 지원기관, 지자체 등이 참여하여 동 협의체를 통해 애로과제 발굴과 문제 해결방안을 모색하는 조직이다. 우리나라의 미니클러스터의 구성현황은 <표 Ⅲ-9> 와 같다.

<표 Ⅲ-9> 단지별 미니클러스터 구성현황

시범단지	특화업종	미니클러스터 구축현황
창 원(5)	기계 산업	공작기계, 금형, 운송장비, 메카트로닉스, 금속소재
구 미(10)	전자 산업	디스플레이, 부품소재, 홈플러그, 임베디드, 모바일, 에너지 등
울 산(4)	자동차 산업	엔지모듈, 의장모듈, 파워트레인, 소재경량화
반월·시화(9)	부품소재	기계부품, 자동차부품, 청정도금, 전기전자, 나노, 섬유소재 등
광 주(6)	광(光) 산업	광통신부품, LED, 광응용, 전자부품, 금형, 자동차 부품
원 주(4)	의료기기	전자의료기기, 한방의료기기, 재활의료기기, 경영지원
군 산(5)	기계·자동차	자동차부품, 엔진부품, 기계철강, 경영혁신, 기업유치

자료: 정순남(2005)
1) 43개 미니클러스터에는 가입대상 1,398개사 중 1,156개사가 참여(82% 참여).
2) ( )안은 미니 클러스터의 수

세계의 주요 선진국들도 새로운 지식과 기술의 창출, 확산, 활용이 국가 생존을 가늠하는 지식정보화 시대를 맞이하여 지역 혁신 클러스터 조성을 국가발전을 위한 최우선적 대안으로 삼고 지역 혁신 체계 구축과 이를 통한 혁신 클러스터를 조성하기 위해 온 힘을 쏟고 있다.

최초의 혁신 클러스터는 미국의 스탠포드대학 리서치파크에서 시작된 실리콘 밸리(silicon valley)와 보스턴의 MIT를 중심으로 한 '루트 128(Route 128)'이라고 할 수 있다(saxenian, 1994; 이종선, 2004).

이후 세계 각국들은 이들 두 지역의 경제적 성공을 벤치마킹하기 위해 노력하고 있다. 미국 내에서도 실리콘 밸리와'루트 128'의 경제적 성공은 텍사스 오스틴의 실리콘 힐 (silicon hills), 노스캐롤라이나의 리서치 트라이앵글(Research Triangle), 샌디에이고 바이오 클러스터 등으로 이어져 전 세계에서 주목을 받는 혁신 클러스터로 성장하였다.

또한 스웨덴의 시스타 사이언스 파크(kista science park), 핀란드의 오울루 테크노폴리스(oulu technopolis), 중국의 중관촌(中關村) 등 제2의 실리콘 밸리를 꿈꾸며 성장하고 있는 혁신 클러스터가 속속 등장하고 있다 (국가균형발전위, 2005).

가. 리서치 트라이앵글(Research Triangle Park, North Carolina)

미국 내에서 가장 규모가 크고 잘 계획된 리서치파크로서 평가받고 있는 리서치 트라이앵글(RTP)은 채플 힐(Chapel hill)의 노스캐롤라이나대학(UN), 듀럼(Durham)의 듀크대학(Duke), 랄리(Raleigh)의 노스캐롤라이나주립대학(NCSU)등 3개 대학의 삼각지대에 위치한 미국의 대표적 산학연 혁신 클러스터이다1).

2002년 말 현재 7,000에이커(약 850만평)의 대지에 IBM, 글락소스미스클라인(GlaxoSmithKline), 노텔 네트워크(Nortel Networks), 시스코 시스템(Cisco System), 미국환경청(EPA), RTI International, NIEHS 등 총 137개의 기업체가 입주해 있으며, 이 중 연구·개발조직만 모두 104개 업체에 이른다. 리서치 트라이앵글 지역에는 현재 3만8천500여 명(계약직 포함 4만5,000명)이 종사하고 있으며, 그 중 99.4%가 연구개발 조직에서 종사하고 있다(Link & Scott 2000). 특히, 리서치 트라이앵글 지역은 살면서 근무하기에 가장 좋은 곳 1위(Employment Review, 2003. 6.), 비즈니스와 커리어 여건 3위, 교육환경 1위(Forbes, 2003) 등 미국에서 가장 살기 좋은 도시로 선정된 바 있다.

1950년대까지만 해도 일인당 소득이 노스캐롤라이나 주에서 두 번째로 낮았던 미국의 대표적 낙후지역이 오늘날 미국의 대표적인 연구 혁신 클러스터로 변신에 성공하게 된 사회경제적 배경과 요인은 무엇일까?

리서치 트라이앵글 지역이 혁신 클러스터로 변신하게 된 사회경제적 배경은 2차 세계대전 이후 노스캐롤라이나 경제의 몰락과 두뇌 유출에 따른 지역 인재고갈의 문제를 어떻게 극복할 것인가 하는 지역 내 리더들의 문제의식과 깊이 연관되어 있다.

당시 이 지역은 가구, 섬유, 담배 등 세 가지 전통적 사업에 의존하고 있었다. 하지만, 아시아 생산자와의 경쟁(섬유), 자동화와 수요 급감(담배), 그리고 가구산업이 미국 내 북동부로의 공장이전 등으로 노스캐롤라이나 주는 심각한 경제적 어려움에 봉착하게 되었다.

이에 따라 지역 내 3개 대학의 졸업생들은 새로운 일자리를 찾기 위해 다른 지역으로 떠나지 않을 수 없었다. 이러한 노스캐롤라이나의 경제적 몰락과 인재고갈의 문제를 어떻게 극복할 것인가 하는 논의과정에서 고안된 아이디어가 바로 리서치 트라이앵글 파크(RTP) 건설안이다.

이처럼 지난 30년 동안 리서치 트라이앵글 지역이 혁신 클러스터로 성장하게 된 주요 요인으로 다음의 세 가지를 들 수 있다.

먼저, 지난 30년 지속된 기업가적 리더십(entrepreneurial leadership)을 들 수 있다(Link & Scort 2000)

리서치 트라이앵글의 역사는 무엇보다 아치볼드 데이비스(Archibald Davis)의 기업가적 리더십에 의해 인도된 결과이다. 데이비스는 지역 발전에 대한 뚜렷한 비전과 열정의 소유자로서 어려움에 처한 초기 리서치 파크 건설과정에서 그 주도체가 영리 단체가 아니라 비영리 단체로 하는 것이 중요하다는 점을 최초로 인식하고 이를 실천에 옮김 으로써 리서치 트라이앵글 재단(Research Triangle Founda산tion)과 연구소(RTI)를 설립하여, 리서치 트라이앵글의 실질적 토대를 마련 하였다. 특히, 대학 연구기관이 혁신 클러스터 안에 반드시 있어야 된다는 중요성을 이해하고 이들 3개 대학 공동으로'첨단과학연구센터'(TUCASI)를 설립한 것도 그였다.

둘째, 리서치 트라이앵글 지역의 3개 대학 간 협력과, 산·학·연, 산·산 등 대학과 기업 간의 다양한 산학 협력 관계를 들 수 있다. 노스캐롤라이나대학, 듀크 대학, 노스캐롤라이나주립대학 등 리서치 트라이앵글 지역을 중심으로 한 3개 대학은 소프트웨어 프로그래머 등 우수한 고급인재를 육성 제공하였으며, 리서치 파크를 건설함으로써 자신들이 배출한 고급 두뇌들에게 일자리를 제공하기 위한 공동관심사를 갖고 있었다는 점이다. 산학연 간 긴밀한 협력도 리서치 트라이앵글의 대표적 특징인데, 지역 내 대학과 기업과의 관계는 단순히 기업들이 대학이 배출한 인재를 유치하는 것 이상의 관계를 맺고 있다. 또, TUCASI 내에 존재하는 연구 센터들은 기업과 협력 속에서 대학의 연구를 상업화하기 위한 노력을 기울여 왔다. 특히, 연구파크 안에 위치한 세계적인 수준의 정부관련 연구기관들도 주요 노스캐롤라이나 기업과의 합작으로 연구·개발 계약을 맺고 활발한 활동을 전개하고 있다.

산·산 협력관계도 많은 시사점을 제공하고 있다. 현재 리서치 트라이앵글에는 중소규모의 기업가를 후원하는, 기업가들을 중심으로 한 기업발전위원회(Council for Entrepreneurial Development, CED)가 1984년 설립·운영되고 있다.

또한 1994년에는 주와 지역기관들의 재정적 후원으로 운영되는 사설 비영리 기관인 리서치 트라이앵글 지역 파트너십(Research Triangle Regional Partnership, RTRP)이 설립되어 운영되고 있다. RTRP는 현재 연구, 개발, 과학중심의 생산과정에 참여하고 있는 중소기업을 대상으로 대학들과의 공동 과학연구 프로젝트 진행을 도와주고 있다.

셋째, 주 정부의 재정적 지원과 인센티브(fiscal incentives) 정책을 들 수 있다. 노스캐롤라이나 주정부에 의해 형성된 비스니스 환경과 혜택은 국내외의 많은 기업 들이 노스캐롤라이나를 최우선으로 선택하게 하는 주요 이유이다.

나. 실리콘 힐(Silicon Hills, Texas Austin)

오스틴(Austin)은 세계에서 가장 큰 컴퓨터회사인 델(Dell)사의 본사가 위치해 있으며, 모토롤라(Motorola), 아이비엠(IBM), 쓰리엠(3M), AMD, 삼성반도체사 (SAS) 등 대규모 반도체 제조업체가 들어서 있어 미국 내에서 가장 빠른 성장률을 보이는 IT 혁신 클러스터로서 자리매김 되고 있다.

이에 따라 텍사스 오스틴의 하이테크놀로지 산업은 1990년에서 2000년 사이에 거의 두 배 가까운 고용성장률을 보이고 있으며, 지역 내에 약 5만여 명의 새로운 하이테크 일자리를 창출하였다(이종선, 2005b). 불과 40여 년 전만 하여도 텍사스 주의 수도와 대학교육도시에 불과하였던 오스틴이 오늘날 세계에서 주목받는 IT 클러스터로서 성장하게 된 동인은 어디에서 비롯되고 있을까? 실리콘 밸리가 연구중심대학을 정점으로 한 기술혁신 및 창조적인 연구자에 의한 선도적인 종자기업(seeding company)의 출현과 이로부터 분사된 수많은 신규기업의 형성에 의해 주도되었다면, 오스틴 IT 클러스터는 커뮤니티 지도자를 중심으로 한 지역경제개발전략 수립과 공공·민간부문의 전략적 파트너십에 의해 형성·발전해 왔다.

오스틴 IT 클러스터 형성은 다음 세 가지 주요 발전전략에 기초하고 있음을 알 수 있다.

먼저, 오스틴 시정부와 텍사스 주정부, 텍사스 대학, 상공회의소 등 커뮤니티 주요 행위자간 전략적 파트너십을 통한 적극적인 하이테크 기업유치 및 고용다양화 전략을 들 수 있다. 오스틴 커뮤니티 지도자들은 교육·행정 도시에서 탈피해 고도의 경제성장과 지역번영을 실현하기 위해 적극적인 하이테크 기업유치와 고용다양화 전략을 채택·실행하였다.

오스틴 커뮤니티 지도자들은 먼저'새로운 일자리 창출'을 목표로 다른 혁신지역에서 일정한 경제적 성공을 이룬 중견기업들에 대한 지역 내 유치를 위해 공동 노력하였다. 이를 위해 이들 기업에게 다양한 세제혜택과 부지제공 그리고 공장건설에 필요한 재정적 지원도 아끼지 않았다.

오늘날 IT 클러스터인 실리콘 힐을 낳게 한 또 다른 결정적 계기는 오스틴시와 상공회의소 그리고 텍사스 대학의 전략적 파트너십에 기초한 MCC, SEMATECH 등 연방정부 재정지원에 의해 운영되는 하이테크 관련 연구 컨소시엄의 지역 내 유치 전략과 성공에서 찾을 수 있다.

하이테크 산업의 경우 기술혁신은 기업의 성패와 직결 된다는 점에서 연구개발 컨소시엄의 지역 내 유치성공은 초기 기업유치 전략에 의해 오스틴 내로 이전한 IT기업의 안정화는 물론 이후 수많은 IT기업들이 자발적으로 오스틴 지역으로 모여들게 하는 동인을 제공하였다.

특히, MCC와 SEMATECH의 회원사에서 파견된 연구진들은 프로젝트가 끝난 이후에도 오스틴에 잔류하거나 직접 신규기업을 창업함으로써 오스틴 IT 클러스터의 형성에 결정적 기여를 하였다.

실리콘 힐의 또 다른 발전 배경에는 오스틴 커뮤니티의'선택과 집중'에 따른 IT산업 특화전략을 들 수 있다.

오스틴에는 미국에서 가장 큰 컴퓨터 생산업체인 DELL이 자리 잡고 있으며, 이를 중심으로 각종 반도체 칩을 생산·공급하는 AMD, Freescale(Motorola에서 분사), IBM, 3M, SAS 등 대규모 반도체 업체, 그리고 수많은 반도체 및 컴퓨터 장비제조업체들이 집중적으로 발전하였다.

이와 같이 일정한 지역 내에 형성되어 있는 IT기업체간 생산 네트워크 체제는 수요와 공급 측면에서 뿐만 아니라 전반적인 비용감소 효과 측면에서도 오늘날 오스틴 IT 클러스터의 최대 강점이 되고 있다.

오스틴이 실리콘 힐 IT 클러스터로서 발전하게 된 이면에는 이와 같은 주요 행위 전략 이외에도 발전 전략을 성공으로 이끈 몇 가지 중요한 배경적 요인이 자리 잡고 있다.

먼저 텍사스대학에서 배출되는 과학·엔지니어링 분야의 전문 인력과 잘 교육 받은 노동력, 우호적인 기업 환경, 합리적인 세금구조, 그리고 전국 평균보다 6.1%정도 낮은 비즈니스 비용 등 기업운영의 측면에서 오스틴은 다른 혁신지역에 비해 상대적 우위를 보여주고 있다는 점이다(GACC, 2003).

또, 오스틴의 뛰어난 자연환경과 양호한 생활여건도 실리콘 힐 성장에 크게 기여하였다.

다. 샌디에이고 바이오 클러스터(San Diego Bio-cluster)

샌디에이고(San Diego) 바이오클러스터는 2004년 현재 500여 개 이상의 생명과학(bioscience) 기업들이 자리 잡고 있으며, 모두 16만2천여 개 이상의 바이오 관련기술 일자리를 제공하고 있다.

특히 수많은 노벨상 수상자를 비롯하여 관련 분야 연구원(Ph.D., M.D.) 등 세계 최고수준의 연구진들이 지역 내에 집중되어 있으며, 매년 투자되는 벤처자본도 13억 달러 규모에 이르고, 이미 인증된 과학 특허만도 약 4,000여 건에 이르고 있다(BIOCOM 2004).

이처럼 불과 20~30년 전만 해도 미국의 대표적 휴양지이자 해군기지 지역으로 인식되어온 샌디에이고 지역이 오늘날 미국뿐만 아니라 전 세계적으로 가장 주목받고 있는 바이오 클러스터로 발전하게 된 계기는 크게 다음 세 가지 요소에서 비롯되고 있다.

먼저, 세계적 수준의 기초연구 능력을 갖춘 비영리 연구기관들의 공간적 밀집 요소를 들 수 있다.

UCSD(University of California, San Diego)를 중심으로 반경 2.5마일 내에 위치한 스크립스 해양연구소(SIO), 소크연구소(Salk Institute), 스크립스 연구소(TSRI), 번햄연구소(Burnham Institute) 등 비영리 연구기관의 공간적 밀집성과 대면적·비공식적 인간관계를 통한 활발한 정보교환, 자유스러운 연구 분위기 및 천혜의 자연환경 등은 세계적 수준의 연구자들을 이 지역으로 유인하는 요인이 되고 있다.

하지만 이 역시 최초 지역 내 선도적인 연구자들의 창조적 리더십에 의해 가능하였는데, UCSD 설립을 주도한 스크립스 해양연구소(SIO) 연구지도자와 지역 내 최초로 본격적인 바이오 기초연구소를 설립한 요나스 소크(Jonas Salk), 스크립스(Scripps), 하이브리테크의 공동창업자인 로이스톤(Royston)과 번도르프(Birndorf), UCSD CONNECT를 설립한 앳킨슨(Atkinson) 등이 그들이다(이종선 2005a).

이들의 주요 관심사는 1980년대 중반 금융 산업의 도산과 1990년대 초반 방위예산 삭감으로 당시 심각한 경제위기를 겪고 있던 샌디에이고를 고임금 일자리 제공과 지역의 번영을 가능하게 할 수 있는 하이테크놀로지 지역으로 탈바꿈시키는데 있었다.

이와 관련하여 샌디에이고 바이오클러스터에서의 주요한 교훈의 하나는 기초 바이오연구를 위한 비영리 연구재단의 설립이다. 소아마비 예방백신의 개발로 엄청난 부를 갖게 된 요나스 소크, 그리고 지역 내 수많은 스크립스 병원을 통해 부를 쌓은 스크립스가(家) 모두 비영리 연구재단 설립을 통해 부를 지역사회로 환원함으로써 장기적인 지역발전을 가능케 하였다는 점이다.

이 같은 지역 내 기업가 정신은 이후 에도 지속되어 퀄컴(Qualcomm), 노바티스(Novartis)사 등 지역 내 주요기업들은 현재 이들 비영리 연구재단에 대한 막대한 연구 후원기금을 제공하고 있다.

둘째, 테크놀로지 상업화 노력을 가속화할 수 있는 지역 내 이니셔티브가 존재 한다는 점이다. 샌디에이고 바이오클러스터 형성과 발전에 결정적인 역할을 수행한 것은 UCSD CONNECT이다.

CONNECT는 연구자와 신규기업, 벤처자본가 그리고 각종 비즈니스 서비스 제공자들의 가교역할을 통한 첨단 기술이전과 상업화, 그리고 서비스 제공자에 대한 다양한 교육을 제공함으로써 지역의 '장벽 없는 인큐베이터(incubator without walls)'로서 샌디에이고 바이오클러스터의 실질적인 구심점역할을 수행하고 있다.

또한 최근 BIOCOM, SANDAG, SDREDC 그리고 각종 지원조직들도 지역 발전에서 매우 중요한 역할을 담당하고 있다.

셋째, 인적자본을 양성하고 지속적으로 유지시킬 수 있는 공식·비공식 네트워크의 존재이다. 세계적 수준의 연구기관, 첨단 연구자의 적극적인 충원, 그리고 풍부한 연구재원 등은 샌디에고의 독특한 연구 잠재력과 인적자본을 형성·발전시켜왔다.

특히 지역 내 주요 비영리 연구재단들은 풍부한 연구자금을 기반으로 바이오 분야의 최고 권위자를 특별 초빙함으로써 이들을 중심으로 우수한 연구자들이 모여들게 하는 부수적 효과를 창출해 내었다.

반경 5마일 이내에 자신의 연구와 관련하여 언제든지 자문을 구할 수 있는 전문가가 존재하고 있다는 사실도 이 지역으로 뛰어 난 연구자들이 모여들게 하는 요인이 되고 있다.

라. 스웨덴 시스타 사이언스 파크(Kista Science Park)

1970년대 초까지만 해도 군사훈련장으로 사용되던 지역에 불과하였던 스웨덴 시스타(Kista)는 현재 유럽 내 정보통신 부문에서 가장 역동적인 첨단과학기술 지역으로 인정받고 있다. 특히 1970년대 중반 에릭슨과 IBM이 이 지역의 앵커기업으로 자리를 잡게 되면서 세계적 정보통신산업의 메카로 성장하였다3). 이처럼 시스타가 정보통신 분야의 혁신 클러스터로 발전하게 된 결정적 계기는 1988년 시스타 사이언스 파크 (Kista Science Park)와 일렉트룸(Electrum)의 설립에 있다고 할 수 있다. 1988년 3월에 설립된 일렉트룸은 중앙정부, 스톡홀름시, 기업, 대학·연구개발기관이 주체가 되어 설립한 파크 운영 및 관리를 전담하기 위한 기관으로서 시스타 사이언스 파크를 정보통신 분야 혁신 클러스터로 발전시켜 나가기 위한 다양한 활동을 전개하였다.

1997년 일렉트룸이 중소규모의 첨단기업의 지속적인 창출(spin-off effect)을 위한 별도의 전담기관으로서 시스타 사이언스 파크 주식회사를 설립하면서 시스타 사이언스 파크는 첨단과학단지로서의 위상을 공고히

하였다. 2004년 4월에는 스톡홀름시, 왕립공과대학, 기업이 주축이 되어 미래지향적이며 지속적인 성장동력을 구축하기 위해 시스타 사이언스 파크 주식회사에서 시스타 사이언스 시티(Kista Science City) 주식회사로 조직을 확대·개편함으로써 시스타 주변의 3개 지역과 3개 독립 지방자치단체를 포함시켜 전체지역에 총 6만5천여 명의 고용인원을 창출하기에 이르렀다.

시스타 사이언스 파크에는 정보통신산업의 불황기인 2001년 이후에도 신규 정보통신업체의 입주가 계속되고 있다. 그 결과 2004년 현재 시스타 지역에서만 에릭슨, IBM, 어도비(Adobe), HP, MS, 노키아, 선마이크로시스템 등 세계적인 기업을 비롯한 약 400개의 입주기업과 2만6,433명의 고용 인력이 연구개발 활동에 종사하고 있다(Kista, 2004). 특히 시스타 사이언스 시티는 현재 세계 유명 정보통신 기업들의 신제품 테스트 시장(test markets)의 전진기지로 활용되고 있다. 시스타 혁신클러스터는 2000년'와이어드 매거진'이 수행한 세계 첨단과학기술지역 평가에서 총 16점 만점에 15점을 획득하여 미국의 실리콘 밸리 다음으로 2위를 차지하고 있다(Wired Magazine, 2000.6).

이처럼 북유럽의 실리콘 밸리로 불리는 스웨덴의 시스타 사이언스 파크의 경제적 성공은 다음 몇 가지 점에서 그 요인을 찾을 수 있다. 먼저, 초기단계부터 에릭슨과 IBM등 국내외 대기업의 유치 성공, 비교우위의 입주여건, 산학 협력의 제도화, 기존 입주기업의 왕성한 연구개발 활동 및 신규첨단기업 창업 등을 통한 산업역동성 유지 등이 그것 이다. 특히 시스타 사이언스 시티 건설 초기 스웨덴의 대표기업인 에릭슨과 다국적 기업인 IBM의 유치가 시스타 혁신 클러스터 창출에 매우 큰 역할을 수행하였다. 이후 노키아, 애플, 마이크로소프트, 선마이크로시스템 서비스 등 다수의 다국적 기업들이 시스타에 입주함으로써 실리콘 밸리에 이어 세계 제2의 IT 혁신 클러스터로 성장하게 되었다.

둘째, 1980년대 초 사이언스 파크 운영 및 관리 전담회사인 '일렉트룸'을 설립하여 상시적인 산학협력 체제를 구축할 수 있었다는 점을 들 수 있다. 이를 통해 왕립공과대학, 스톡홀름대학 등의 정보통신 부문 연구개발부서와 국립연구기관, 그리고 기업체 간에 긴밀한 네트워크를 구축하여 왕성한 연구개발 활동을 수행하고 있으며, 신상품 개발에도 많은 노력을 기울이고 있다.

셋째, 정보통신 대학 및 시스타 혁신성장센터의 설립 등을 통해 기업이 요구하는 전문 인력수요에 대처하고 동시에 기업이 필요로 하는 연구개발 부문을 체계적으로 지원할 수 있는 시스템을 구축하였다는 점이다. 특히 소규모의 첨단기업을 전문적이며 체계적으로 지원하여 이들의 성장을 돕는 시스타 혁신성장센터의 설립은 새로운 혁신기업의 산실이 되고 있다. 하지만 스웨덴의 시스타 사이언스 시티의 성공사례가 보여주는 가장 중요한 교훈은 혁신 클러스터 구축에 있어서 일방적인 하향식 추진방식보다는 상향식 추진방식이 중요하다는 사실이다(박상철, 2005a).

특히 시스타의 성공은 스웨덴 정부 및 스톡홀름시의 적극적 역할과 더불어 기술 혁신과 산학협력 관계체제인 산학연 간의 유기적인 협력(Triple Helix)이 뒷받침되었기 때문에 가능하였다.

마. 핀란드 오울루 테크노폴리스(Oulu Technopolis)

오울루 테크노폴리스는 스칸디나비아 5개국 중 최초로 건설된 사이언스 파크로서 현재 핀란드의 대표기업인 노키아(Nokia)을 비롯하여 HP, 후지쯔, 스펙트라 등 250여개의 세계적 첨단기업들이 입주해 있다. 테크노 주식회사와 그룹형태로 조직되어 있는 오울루 테크노폴리스는 현재 핀란드에 존재하는 첨단산업체를 지원하는 특화사업체로서 여기에 입주하여 활동하고 있는 첨단기업체수는 총 240여 개에 이르며 종업원 수는 6천여 명에 이른다. 2003년 1월 오울루 테크노폴리스는 오타니에미 사이언스 파크를 인수하여 총 550개의 입주기업에 총 8천여 명이 종사하는 유럽의 주요 사이언스 파크로 성장하고 있다.

1982년 오울루 테크노폴리스의 최초 건설 계기는 1958년 오울루 대학 설립이후 대학의 기능과 시설확충 및 질적 향상이 지속되어 왔으나 대학을 졸업한 고급인력 자원이 지역 내의 산업기반 취약으로 헬싱키 등 도심지역으로의 유출이 일반화 되면서, 이러한 고급인력자원의 유출을 제한하고 이들이 첨단산업체들과 지속적인 연구개발 활동을 강화하고 신제품을 생산하여 지역경제를 활성화하기 위한 것이었다.

핀란드 정부가 사이언스 파크(science park 4)를 건설하기 시작한 가장 중요한 이유는 지속적인 기술혁신을 유발하여 국가 경쟁력을 향상시키고 산업계, 학계, 정부 간 연계활동을 조직화하여 지속적인 발전을 유도하기 위한 것이다. 오울루 테크노폴리스는 산학연관 연계 구축으로 작동하는 핀란드의 대표적인 사이언스 파크라고 할 수 있다.

핀란드를 대표하는 기업인 노키아가 최대 규모의 연구개발 기능을 보유하고 있으며, 제2의 대학인 오울루 대학이 연구개발 인력제공 및 기업과의 공동연구개발 활동을 활발히 전개하고 있다. 특히 오울루 사이언스 파크는 보유시설의 임대사업을 주요사업으로 하는 테크노폴리스 피엘시(Technopolis Plc)사를 설립하고, 1998년에는 세계 최초로 헬싱키 주식시장에 상장시켰다.

이는 주식시장을 통해 자본수요의 원활한 조달과 경영효율화 및 전문화를 꾀하고 성장기반을 확충하기 위한 것으로서 기대 이상의 경영효과를 거두어 2003년에는 오타니에미 사이언스 파크를 인수하는 계기가 된다.

핀란드 사이언스 파크 건설 과정에서 빼놓을 수 없는 또 하나의 중요한 제도는 전문기술센터(centers of expertise)이다. 전문기술센터 설립의 주요목적은 국제적기술경쟁력을 보유하고 있는 산업기술부문의 전문지식을 활용한 사업 활동을 통한지역발전과 신규고용을 창출하는 데 있다. 오울루 테크노폴리스 피엘시사는 1994년 최초로 입주 기업간 및 입주기업과 연구기관 등 사이의 네트워크를 구축하고 이를 장려하기 위한 오울루 전문가센터 프로그램을 실시·운영하고 있다.

이 프로그램은 오울루 테크노폴리스가 성공적인 첨단산업기술단지로 성장하는 데 있어서 사업 대 사업 간 교류(B2B interaction)를 장려하고 전문기술지식의 활용 및 세계시장으로의 성장기반 확충 등을 꾀하기 위해 추진되었다(Launonen 2002).

특히 오울루 지역 전문가센터 프로그램은 통신, 전자, 소프트웨어기술, 의료기술 및 생명공학기술에 중점을 두고, 프로젝트 관리, 기술의 상업화 및 경쟁력 강화, 프로젝트 자금지원, 기술하부구조 구축 및 자금지원, 지식창출 등에 활동의 주안점을 두고 있다.

오울루 테크노폴리스로 대표되는 핀란드 혁신 클러스터의 성공은 중앙 및 지방정부의 긴밀하고 유기적인 협력체제 구축, 밀접한 산학연계 확립 등의 요인에 기인한다. 먼저, 핀란드 중앙정부는 국가 차원에서 오울루 지역에 국제적 경쟁력을 보유한 대학을 설립하였으며, 바이오센터, 인포텍(Infotec), 빛 변화에 따른 인체구조를 연구하는 툴 레연구소(Thule Institue) 등 주요 국가연구기관을 오울루로 이주시켰다.

오울루 지방정부는 대기업을 유치하기 위하여 지방사업청을 운영하는 등 실질적인 원스톱 서비스 (one stop service)를 제공하기 위해 노력하였다.

특히 오울루시는 대학과 연계하여 오울루 테크노폴리스 피엘시사를 설립하는 계획에 주도적으로 참여하였으며, 현재도 최대주주(18.25% 주식보유)로 오울루 테크노폴리스 육성사업에 깊이 관여하고 있다.

또, 오울루 테크노폴리스의 성공은 핀란드 정부가 거시적인 차원에서 협소한 국내시장에 안주하지 않고 세계시장에서 평가받는 전략을 구축하기 위해 효율적인 산학연관 협력체계 구축에 많은 정책적 노력을 기울인 결과라고 있다.

특히 산업계, 학계, 정부기관의 동일한 상황인식 및 공동의 목표 도출, 오울루대학의 우수한 인적자원 보유 및 실용화, 첨단기업인 노키아, HP, IBM 등의 지역 내 유치로 인한 인적 자원간의 경쟁 및 협력관계 구축, 정부기관의 일관적인 지원 의지, 연구·생산·소비·수출 등의 연속 시스템 구축 등은 오울루 테크노폴리스의 거시적 성공요인이라고 할수 있다.

반면 미시적 차원의 성공요소로서 성공기업 및 가능성이 높은 기업에 대한 지속적인 고객관리, 주주이익 환원, 첨단기업 중점 육성 및 입주, 고객중심의 전문서비스 기업운영, 입주기업과 오울루 테크노폴리스 피엘시 사이의 강력한 상호교류 활동 활성화 및 확고한 성장 개발의지 등을 꼽을 수 있다(박상철, 2005).

<표 Ⅲ-10> 주요 선진국의 혁신 클러스터 사례 분석

명칭	리서치 트라이앵글	실리콘 힐	샌디에이고 바이오클러스터	시스타 사이언스 파크	오울로 테크노폴리스
국가	노스캐롤라이나(미)	오스틴(미)	샌디에이고(미)	시스타(스웨덴)	오울로(핀란드)
현황	·137개 정보 의약·바이오 관련R&D 기업체 집중 (R&D조직: 104개) ·고용인원수: 38.500명 (2002년 기준)	·세계굴지 컴퓨터사 및 반도체 업체 등 2,400여개 업체 집중 ·하이테크 부문 고용지수: 86,921명 (2001년 기준)	·세계적 제약회사와 바이오 연구소 등 500여개의 생명과학 기업체 집중 ·바이오관련 고용 인원수:61,472명 (2002년 기준)	·에릭슨 등 IT 분야 정보통신 관련 세계적 기업 등 400여개 기업체 집중 ·고용자수: 26,433명 (2004년 기준)	·노키아, HP 등 IT 분야 세계적 기업 등 250여개 기업체 집중 ·고용자수: 6천 여명(2004년 기준)
연계조직	RTI TUCASI RTRP	MCC SEMATECH	UCSD CONNECT	Electrum Swedpark	Technopolis Plc
주요대학	노스캐롤리이나 대학(UNC) Duke 대학 노스캐롤리이나 주립대학(NCSU)	텍사스 오스틴대학(UT, Austin) 택사스 A&M 대학	캘리포니아 대학 샌디에이고(UCSD) 샌디에이고 주립대학(SDSU) 샌디에이고 대학 (USD)	스웨덴 왕립공과 대학(KTH) 스톡홀름대학	오울루대학 (U of Oulu)
선도기업	IBM GlaxoSmithKline Nortel Networks Cisco System	Dell, Motorola IBM, 3M AMD, SAS	Hybritech Lilly, Pfizer Novartis Merck, J&J	Ericsson IBM, Adobe HP, MS Nokia	Nokia HP IBM
정부역할	RTP 건설지원 및 각종 세제혜택 지원	부지제공 등 외부 기업의 적극적 유치와 세제혜택 제공	간접적 지원과 인프라 확충	적극적 개입과 지원	주식소유 방식을 통한 적극적 개입과 지원
성공요인	기업가적 리더십	공공·민간부문의 전략적 파트너십	협력과 혁신의 리더십	트리플 헬릭스(Triple Helix) 체제구축	중앙·지방정부의 유기적 협력과 산학연계

자료: 이종선(2005)

3. 미국의 산학협력 운영현황

가. SRI의 운영개요

기존의 기술이전기구(TLO)와 차별화하기 위하여 단순한 기술 이전 뿐만 아니라 응용연구의 적극수행을 통한 연구결과의 상업화를 위하여 TLO와는 별도의 연구 지원시스템도 미국대학에서 다양하게 발달하였다. 이 중에서 미국 내에서도 가장 역사가 오래되고 Business Week지가 평가하듯이 실리콘밸리 성공의 가장 큰 역할을 수행한 SRI에 대해서 살펴보기로 한다.

SRI는 처음에는 Stanford Research Institute라는 이름으로 1946년에 Stanford 대학과, West Coast Industrialist와의 협동체제로 출범하였다.

SRI의 탄생 비경은 과학과 기술 분야에서 새로운 발전을 이끌고, 또한 개발된 과학 기술을 이용하는 사업 분야에도 도움을 주기 위해 설립 되었다.

또한 그와 더불어 기업의 재정적인 분야, 통상에 관련된 분야에서도 기업을 지원 하게 된다.

SRI는 1970년에 대학과 분리되었고, 1977년에 SRI International로 이름을 바꾸고, Stanford 뿐만 아니라 전 세계적으로 지부들 두고, 연구의 상업화에 힘쓰고 있다. 이 SRI International은 SRI 컨설팅과 Sarnoff Corporation을 제외하고는 비영리의 Scientific research institute이다. SRI 는 비즈니스, 정부, 그리고 다른 조직체의 창업 및 혁신적인 솔루션을 제공한다. 고객에게 Information, Communication 그리고 Engineering technology를 제공하고 있다.

Business Week지가 SRI의 활동이 실리콘 밸리 성공의 큰 축이라고 한 것처럼, 실리콘 밸 리가 세계 최대의 벤처기업의 산실이 된 것은 SRI의 상업화 지원이 큰 역할을 했다고 볼 수 있다. SRI는 55년 전부터, 혁신적인 기술의 상업화를 꾀해 왔으며, 새로운 시장 개척에 앞장섰다. 또한 현재는 실리콘 밸리 뿐만 아니라, 전 세계적으로 기술의 상업화에 앞장서고 있다.

나. SRI 기능과 역할

<표 Ⅲ-11> SRI의 주요역할

SRI의 주요 역할
▪ 사업체에 발생한 운영상, 기술상의 문제 해결
▪ 새로운 기술의 창조
▪ 기술의 상업화를 통한 최종적인 가치의 창조
▪ 기업의 Impact 생성

(1) SRI의 Technology

SRI는 연구실에서 이루어진 연구개발 활동의 산물에 상품적 가치를 창조하여 시장화를 추진한다. 또한 조직의 빠른 Technology cycle, 복합기술 개발, 소비자의 요구사항 구현, 경쟁력 제고 등이 가능하도록 지원하여 준다.

(2) Commercialization and new ventures

기본적으로 새로운 벤처기업에게 혁신적인 상업화 기술을 제공한다. 기업의 앞선 연구 개발 기술을 상업적인 기회를 창조하는 기술이전을 통하여 기업체, 투자가, 협력업체 등의 가치를 창조하게 된다. 이를 위해서, SRI는 기술 이전을 원하는 기업과 함께 할 수 있는 Licensing partnerships와Acquisition을 찾아서 기업과 적절히 연결시켜 주게 된다.

(3) SRI technology ventures

SRI의 주요한 전략은 상업적이고, 시장에서의 잠재적인 가치를 가진 과학기술을 발견하는데 있다. Speech technology, 네트워크 시스템에서부터 바이오 테크놀로지, Telepresence surgery에 이르기까지 SRI는 새로운 사업의 핵심으로써 혁신을 주도한다. SRI 산하의 Sarnoff Corporation과 함께, 새로운 기업을 만들고, 형성하고, 투자하기 위한 NVention을 설립한다. NVention은 벤처기업의 생성과정 중 시작 과정에 있는 상호협동 체제이다.

(4) Technology & Innovation partnership (TIP) program

신 상품개발과 현재 상품의 개선을 위해 SRI는 아웃소싱에 초점을 맞춘 partnership을 제공하고 있다. 이 TIP 프로그램은 목적에 정확히 부합하는 연구가 가능하게 하고, 제품 개발에 관한 정보를 제공한다.

다. SRI International과 SARNOFF

SRI는 크게 SRI-international과 SRI가 설립한 자회사인 SARNOFF라는 두 개의 부분으로 분류될 수 있다. SRI-international에서는 Stanford 대학에서 이루어진 연구, 기술을 상업화하는데 그 목적을 두고 있다.

예를 들면, SRI consulting에서는 대학 등에서 Spin-off한 기업들에 대한 컨설팅을 통한 업무 정상화, 상업화를 지원해 주고 있다. 그리고 위에서 설명한 각각의 Business area에서 각 분야에 해당하는 연구 지원을 수행하고 그 외에 Polyfuel등의 spin-off한 기업을 통해서 기반 연구에 중점을 두고 있다. 그 반면에, SARNOFF는 TRDF의 Dimotech와 비슷한 역할을 수행하고 있다. 현재 SARNOFF에서는 17개의 회사가 Spin-off하여 운영하고 있다.

라. 미국대학의 기술상업화 조직현황

미국대학들은 전담 기술상업화조직은 SRI의 예처럼, 단순화된 조직유형이 아니라 기술상업화 목적에 부합하게 다양하게 운영되고 있다. 또한 연구결과의 상업화를 위한 대학별 접근방향은 연구발전 단계별로 대학별 연구 환경에 적절하게 적응하면서 다양한 조직유형별로 운영되고 있다.

다음은 미국주요대학별 단계별 기술상업화전략 현황과 주요대학의 기술상업화 조직현황이다.

4. 중국의 산학협력 운영현황

가. 중국대학의 산학협력 체계

중국은 등소평의 개혁개방정책이 후 사회주의에서 사회주의 시장경제시스템으로의 전환을 위해 노력하고 있으며, 그 발전전략에는 과학기술이 중요한 역할을 하고 있다. '과학기술은 제일의 생산력', '과교흥국(科教興國)'등의 기본사상이 모든 국가발전전략 및 추진계획의 기저에 자리 잡고 있다.

사회주의 국가로서 중국은 국가기반기술에 관한 인프라를 대학이 보유하고 있고 민간 기업이 크게 성장하지 않은 상황에서 시장경제를 신속히 도입하기 위해, 대학의 기술과 인력을 선택하였다.

경쟁이 없는 거대한 중국 시장에서 우수 인력과 장비, 자금을 확보한 중국의 대학은 100%전액 대학이 출자한 교판기업을 교두보로 삼았다. 교판(校判)기업의 성장은 현재 중국의 성장의 원동력이 되었다고 할 수 있다.

그러나 중국시장의 개혁 개방 이후 선진국의 다국적 기업들이 중국시장에 현지생산체계를 갖추고 이러한 중국기업들과의 경쟁에 돌입하기 시작하였다. 선진 경영시스템과 우수한 기술 그리고 중국의 풍부하고 값싼 노동력이 결합함으로써 중국 대학의 교판기업도 과거와 같은 특수를 더 이상 기대하기는 힘들다고 보여 진다.

최근 중국 대학들도 100% 출자 교판기업보다는 민간회사와 대학의 기술과 인력이 결합하는 형태의 합작회사를 선호하는 경향이 있다. 중국의 교판기업은 우리나라의 학교기업제도와 유사하다고 할 수 있으나, 교판기업이 대학이 보유한 기술을 기업화하여 적극적인 수익창출과 학생들의 취업기회 부여에 목표를 두고 있는데 반해, 우리나라의 학교기업은 교육과정과 연계함으로써 적극적인 수익창출보다는 현장학습에 주목적을 두고 있는 점이 다르다.

중국대학의 산학협력 행정시스템은 산학협력 규모와 명성에 비해 뛰어나다고 보기는 어렵다. 체계적인 규정과 지원시스템은 찾아볼 수 없었고 소수의 인원이 정부 지침에 따라 행정편의를 지원해 주는 정도에 머물러 있다고 보는 것이 옳을 것이다.

다만, 최근 교판기업의 경영악화에 따른 대학의 무한책임에 대한 부담문제로 차츰 유한책임형태로 전환을 하고 있으며, 대학이 지주회사를 설립하여 별도의 독립 법인(예>청화지주회사)으로 해당업무와 책임을 이관하고 있는 중이다. 지주회사는 산하 교판기업의 수익을 대학에 전입하거나 기업에 재투자하는 방식을 취하고 있으며, 교판기업의 경영자나 임직원들의 상당수가 대학교수나 박사과정, 학생들로 구성이 되어 있어서 산학협력기관의 개입이 없이 자연스럽게 산학협력관계가 이루어지고 있다.

때문에 대학기술의 상용화는 즉시 이루어지고 있는 반면 기술의 가치평가나 기술보호를 위한 제도는 낙후되어 있었으며, 기술마케팅이라는 개념도 생소하다.

중국의 각 대학들은 대학지분이 있는 교판기업으로부터는 기금수입이 발생할 수 있었으나 대학지분이 없는 외부기업으로부터는 전혀 산학협력관계가 이루어 질 수 없었을 뿐만 아니라 행정 시스템에 의한 뒷받침도 저조하다. 때문에 기술이전을 통한 기술료 수입 창출이 저조했던 것으로 보여지며, 창업을 할 수 없는 핵심기술은 사장되어지는 경우가 많이 발생한 것으로 보인다.

중국의 경우 사회주의 체제하에서 미약했던 산업기반을 대학이 설립한 교판기업 에서 찾았으며, 대학 주변에 형성된 교판기업의 집합체가 중관촌과 같은 클러스터를 형성하였다. 이러한 지리적 여건 하에서 조성된 대학과 교판 기업간 교류와 밀월관계는 중국의 경제성장에 밑거름이 되었다. 현재 중국대학은 management가 결합된 산학협력모델을 찾기 위해 노력하고 있다.

나. 청화대학교 교판기업 운영현황

(1) 청화대 산학협력의 운영현황

“기술의 청화로 사회에 공헌한다”라는 이념의 계승으로 중화민족의 부흥을 사명으로 하는 청화대학은 국가경제건설방면에 있어, 과학기술과 교육을 통해 중요한 역할을 해왔다.

지난 1911년 칭화학당으로 출발한 칭화대는 중국내 저명한 정치가와 과학자, 문학가 등 국가 고급관료를 배출한 중국 최고의 이공계 대학이다. 특히 중국의 정치 실세로 막강한 영향력을 가진 후진타오 국가부주석과 주룽지 국무원총리, 황쥐 상하이시 당서기 등이 칭화대학 출신으로 중국경제를 선도하고 있다.

실제 "청화대학은 중국 대학 중 산학연계시스템이 가장 잘 이뤄지고 있으며 중국의 과학기술연구와 경제 건설에서 주요 역할을 담당하고 있으며, 현재 89개 기업에 출자, 산학협력사업을 성공적으로 이끌어가고 있다.

"청화쯔광 및 청화퉁팡 등 청화대에서 직접 자산을 관리하는 기업집단만도 20여 개가 넘고 매출실적은 연간 200억위안에 달하고 있다. 지난 99년 설립한 청화사이언스파크는 전문적으로 창업보육사업을 추진, 업체들이 기술을 기반으로 창업할 수 있도록 도와주고 있다.

특히, 기술이전의 측면에서 볼 때 청화대학은 탁월한 성과를 보여 왔으며, 2001년 9월, 중국국가경제무역위원회와 교육부의 승인을 통해 중국최고의 중국국가급기술 이전센터로서의 자리매김하였다.

청화대학과 기업학작위원회(企业合作委员会),청화대학과학기술개발부(清华大学科学技术开发部), 청화대학국제기술이전센터(清华大学国际技术转移中心)를 그 주요기관으로 하여, 청화대학의 기술이전기구를 정리하여 서비스를 제공하며, 국내외기업기술의 창조와 시장발전의 수요를 충족시키기 위하여, 선진국내외 기술자원을 확보하고, 청화대학과 상관국내외 인력자원의 및 기술자원을 중점적으로 관리하는 목적으로 설립되었다.

(2) 청화대의 주요교판기업

(가) 청화지주주식회사(清华控股有限公司)

청화지주주식회사는 국무원의 비준을 거치고, 청화대학이 출자하여 설립한 국유 (國有) 개인자본 주식 책임회사이다. 청화지주주식회사는 2003

년 12월 18일에 설립 되었고, 등록자본은 인민폐 20억위안이다. 회사의 전신은 청화대학 기업그룹이고, 청화대학 기업그룹·청화과학기술원 발전센터와 청화자광(紫光 Unisplendour) 총 회사의 자산(資産)을 재조합하여 흡수·합병의 과정을 거쳐 설립된 회사이다.

청화 대학은 회사를 설립한 출자인으로 법률에 의거해 출자인의 권리를 행사하며, 아울러 전체 출자액으로 한정하여 회사에 유한한 책임을 담당한다. 본사와 투자된 기업은 자본으로 서로 모기업과 자기업의 관계를 맺고 있다.

그리고 법에 의거하여 각 자(子)회사에 투자하여 형성된 국유의 자산을 경영하며, 주주로서의 권리를 행사한다. 본사는 과학기술연구개발성과의 산업화와 보급, 첨단 과학기술 기업의 육성, 기술정보 자문, 투자관리, 자산운영과 자본 활동 등의 업무를 관장한다.

본사는 청화대학의 과학기술산업발전 전략·조정위원회를 거쳐 자산의 조합·구조조정·이익을 분배하는 방면에 있어서 주도적인 역할을 발휘한다. 그리고 청화대학 과학 기술의 기업투자 및 융자, 과학기술개발성과의 산업화, 첨단신기술기업의 진흥, 대외무역과 경제기술 합작교류의 증진 등 중대한 경영활동을 결정하고 관리하는 센터이다.

청화지주주식회사가 투자한 기업은 주로 청화동방(同方 Tongfang) ,청화자광(紫光 Unisplendour)과 성지(誠志 Chengzhi)주식회사 등 일곱 곳이 있는데, 직간접적 으로 주식을 소유하고 있는 상장기업이다.

그리고 태양에너지, 과학기술원, 건설,캐피탈, 바이오칩, 과학기술벤처캐피탈과 원흥(源興 Yuanxing)생물 등 30여 곳의 지주회사와 약간의 주식 출자회사가 있다.

청화지주주식회사가 투자한 기업은 주로 정보기술·에너지와 환경·생명과학기술·기타 최첨단 기술 및 과학기술 서비스 등의 영역에 종사하며, 동방위시(威視 nuctech)컨테이너 검사시스템, 태양 에너지 집열관(heating pipe) 및 열수기(water heater), 동방(Tongfang) 컴퓨터, 자광(Unisplendour)노트북·캐피탈 바이오칩·원흥(Yuanxing)유전자 약물 등 일련의 브랜드상품을 형성하였다.

a. 칭화지주회사 연혁

▪ 1980년 2월 : 청화기술서비스회사성립-전국대학 첫 번째 과학기술 기업

▪ 1988년 8월 : 청화대학 과학기술 개발 총회사 설립
(청화 첫 번째 종합형 과학기술 기업)

▪ 1991년 12월 : 청화과학기술산업 판매 총수입 최초 1억위안선 돌파

▪ 1993년 5월 : 청화 자광그룹 총회사 설립(청화 최초 그룹형 회사)

▪ 1994년 8월 : 청화과학기술원 발전 센터 설립, 청화과학기술원의 건설이 장차 전면적으로 전개 될 것을 상징한다.

▪ 1995년 8월 : 청화대학 기업 그룹 설립

▪ 1997년 6월 : 청화 동방 주식 유한 회사가 정식으로 상장됨
(청화 최초의 상장회사)

▪ 2001년 12월 : 청화 산업 판매 총수입 최초 백억위안선 돌파

▪ 2003년 12월 : 청화지주주식회사 설립, 등록자금 인민폐 20억위안

b. 경영업적

▪ 2003년 청화지주회사 경영 총수입 152억위안

▪ 정보기술 산업 점유율 66.64%

▪ 에너지, 화공, 환경보호 산업 점유율 13.96%

▪ 생명과학기술 산업 점유율 11.40%

▪ 과학기술 서비스 및 기타 산업 점유율 8.00%

▪ 2003년 청화지주회사 국가납부 세금 5.3억 위안

▪ 청화지주회사 투자지분관계

c. 청화지주회사 사업영역

▪ 정보기술분야

정보기술산업은 청화지주주식회사의 지주 산업이다. 청화대학이 정보기술 영역분야에 있어 우세하고 경험이 많음에 근거하여, 산업범위는 컴퓨터 및 외부 설비 제품 · 통신제품 · 마이크로전자제품 · 네트워크 · 소프트웨어 · 시스템 집적과 정보 서비스 등 전체 정보기술 산업범위의 각 부분을 포괄한다. 주요제품은 다발(cluster) 컴퓨터 · 개인컴퓨터 · 휴대용컴퓨터 · 스캐너 · 라우터 · 단말기 · CD · 광섬유통신 · 이동통신설비 · 디지털카메라 등 일련의 제품이 있다.

· 청화 동방(同方 tongfang) · 화환(華環 Huahuan)전자
· 청화 자광(紫光 unisplendour) · 비위(比威 Bitway)네트워크

d. 에너지와 환경분야

에너지와 환경산업은 청화지주주식회사가 중점적으로 투자하고 경영하는 산업이다. 청화대학이 에너지 개발 · 공사설계 · 제조방면의 학문분야와 기술측면에 모두 우세함에 근거하여, 핵에너지 · 태양 에너지 등 새로운 에너지 개발에 주로 담당한다.

그리고 에너지 절약 기술 · 석탄의 깨끗한 연소 · 대기정화 · 정수처리 및 고체 폐기물의 연수 발전 등 환경보호 사업에도 담당하고 있다. 주요제품에는 태양에너지 집열관(heating pipe) · 열수기(water heater) · 의료용 쓰레기 소각로 · 에너지절약 정화 안전용 에어컨 등의 일련의 상품이 있다.

e. 생명과학기술분야

생명과학기술 산업은 과학기술 측면에서 가장 활기를 띠고 있으며, 자타가 공인 하는 가장 전도양양한 분야의 하나이다. 그리고 청화지주회사가 가까운 시기에 중점적으로 발전시켜야 할 분야이기도 하다. 청화지주는 청화대학이 생명과학 영역에 있어서 국내에서 선두적인 우세를 보이고 있는 점에 의지하여, 기존 약품의 생산과 새로운 약품의 연구 개발을 동시에 진행하고 있다. 또 나노미터 · 유전자 기술 응용의 신약품 및 바이오칩의 응용개발을 집중적으로 진행하고 있으며, 주요한 경영 업무는 제약 ·

의약 중간체·의료기구설비·바이오칩 및 그와 관련된 설비 등 에까지 영향을 미치고 있다.

f. 최첨단 기술분야

청화과학기술 산업은 또한 우주위성 기술·유기발광표시 기술·민간 핵기술·나노미터·초전도기술 등 최첨단 신기술 영역에 까지 미친다. 아울러 현세계의 첨단 신기술의 발전 추세를 따라가고 있으며, 국제 선진 수준으로 진입한 첨단 신기술 제품을 추진하고 있다.

g. 테크노파크 조성

청화과학기술원(단지)은 청화대학이 과학기술 성과 전환을 실현하고, 혁신적인 기업 부화 및 혁신적으로 인재를 육성하는 중요한 기지이다. 과학기술 산업이 발전을 위하여 완전한 하드웨어 소프트웨어 플랫폼을 세우고, 산업발전의 공간을 개척 하였다.

2001년 5월 청화과학기술원은 국가교육부·과학기술부에 첫 번째로 국가대학 과학기술원으로 인정되었다. 2003년 10월 유일하게 A류(급)의 국가대학 과학기술원 으로 인정되었다.

1994년에 설립된 청화과학기술원은 청화대학 동남쪽에 위치하고 있으며, 대지가 25헥타르에 이르고, 계획된 건축 면적은 69만 평방미터이다. 2003년 말에 이르러서는 단지 건설면적이 35만 평방미터에 달한다. 단지 내에서 상징적인 건축은 과학기술 빌딩으로, 총 건축 면적이 18.8만 평방미터이고, 높이가 110미터이며, 2005년 에 완성되어 사용이 가능하리라 예상된다.

청과과학기술원 3대 전략으로는 국제화 전략, 플랫폼을 유지하는 전략, 발전전략을 추진하고 있다. 청화과학기술원은 과학기술 성과 전환, 혁신적인 창업보육 (incubation) 장려, 네트워크의 틀을 만드는데 힘쓴다. 과학기술산업 체인의 구성·과학기술 역량의 제고와 경제발전의 방향성에 근거하여, 청화과학기술원은 미래 지향적인 3대 전략을 제정하였다. 그 가운데

국제화전략은 선도적인 것이고, 플랫폼을 유지하는 전략은 기초적이며, 발전을 펼치는 전략은 확장정책이다.

h. 인큐베이터 지원시설

인큐베이터는 대학 산업의 중요한 조성부분으로, 과학기술 성과를 창업보육 할 뿐만 아니라 첨단 신기술 기업을 창업지원하기도 한다. 2002년 말 청화 유학생 창업 파크(Returned Student Pioneer Park)가 정식으로 만들어졌다. 창업 파크가 만들어진 이래 모두 400여 명의 유학생그룹을 참가하였으며, 현재 55개의 기업이 창업 보육 중에 있다.

국제 기업 센터의 연구 개발 센터에는 P&G・Sun・Schlumberger・NEC 등의 다국적기업의 연구개발 기구가 입주해 있다.

대학의 종합적인 자원의 역량을 한층 더 강화하고, 대학산업의 지속적인 고속 발전을 촉진하기 위하여, 대학에서 완벽한 첨단 과학기술 서비스를 지원하고 있다.

그리고 그 분야는 창업투자・금융서비스・관리자문・법률사무・평가와 회계감사 등의 영역에 달하고 있다.

(나) 청화동방주식회사(清华同方股份有限公司)

청화동방주식회사(清华同方股份有限公司)는 청화지주주식회사의 자회사이며, 1997 년6월에 창립되어, 상해증권시장에 상장되었으며, 현재 주식은 5.75억주이다. 본사는 독자적인 첨단기술을 바탕으로, 정보기술, 에너지 및 환경, 응용전자기술, 생물 의약의 사대 주요사업을 가지고 있다. 정보화산업의 측면에서는 응용정보시스템과 컴퓨터시스템, 디지털TV 영역에서의 기술과 상품을 개발하고 있으며, 유비쿼터스 시대에 필요한 정부, 가정, 교육기관 등의 시스템개발 분야에도 진출하고 있다. 현재 청화동방은 컴퓨터관련 상품과 디지털TV 영역에 있어서 중국우수의 기술력과 시장점유율을 가지고 있다.

에너지 및 환경산업에 있어서 본사는 인공환경, 에너지환경, 건축환경 및 수질환경 등의 사업영역을 가지고 있으며, 대기오염, 쓰레기소각, 하수처리, 공기정화 부문에 있어서 경쟁력 있는 기술을 확보하고 있으며, 에너지플랜트, 오염정화시설 및 중앙통제형 에어컨시장에 있어서 우위를 보이고 있다.

응용핵전자기술 산업영역에서는 전자가속기,자동통제,디지털화면처리등의 핵심기술을 보유하고 있다. 생물의학 분야와 미세화공 산업영역에서는 신약, 중간재료, 원료약물 등 방면에서 우위를 확보하고 있다.

(다) 청화양광주식회사(清华阳光公司)

청화양광주식회사는 청화지주주식회사의 자회사이며, 북경일경그룹(北京轻集团) 과 수도강철(首钢)이 합자투자 한 첨단기술기업이다. 등록자본금은1.535억위안이며 자산총액은 2.9억위안이다.

현재 본 회사는 세계최대의 유리진공집열관 생산업체이며, 세계수위의 대형태양열 온수기의 자동화생산설비를 보유하고 있다. 현재 1000만개의 태양열집열관을 생산능력과 30만대의 태양열온수기생산능력을 가지고 있다.

1984년 본회사가 발명한 “Al-N/Al” 선택성흡수도포기술은 그 독창적인 기술력으로 중국태양열이용기술능력을 세계에 자랑하였으며, 중국업체의 90%이상이 이 기술을 이용하고 있는 상태이다. 현재 본회사의 주도하에 중국태양열 이용기술은 세계최고 수준에 이르러 있으며, 2001년 2억위안의 자금을 투입하여, 태양열온수기 자동화설비를 완성하였다.

다. 북경대학교 교판기업 운영현황

북경대의 교판기업은 학과의 과학연구역량을 기반으로 한다. 북경대는 과학기술 발전을 매우 중요시하며, 그 결과의 실용화를 목표로 하고 있다. 고급과학기술의 연구개발과 그 결과의 응용을 통해 이미 정보산업, 정밀화공, 생물제약과 문화교육 등의 중심산업을 이루어 내었으며, 국가산업의 비약적인 발전과 더불어 진일보한 산학협력을 추구하고 있다.

(1) 북경대 교판(校办)기업의 역사

중국의 고등교육과학기술산업은 국가경제발전과 학교 내의 과학연구개발을 위한 중요한 부분이며, 중국의 고등교육기관이 시장경제하의 개혁과 발전과정 중에 얻어낸 결과물이다. 북경대학의 교판산업은 바로 이러한 배경 하에 탄생하고 운용 되었으며, 대략적으로 다음 세단계의 발전과정을 거쳤다.

▪ 1단계 : 1986~1995년 창업, 성장기

이 기간은 각 기업의 창업과 성장을 그 특징으로 하며, 북경대학의 첨단과학기술 연구개발의 결과를 기반으로 첨단기술기업이 창립되었다. 그 대표적인 기업으로 방정집단(方正集 团), 청조집단(青鸟集团), 말명집단(未名集团), 자원집단(资源集团) 이 있다.

▪ 2단계 : 1996~2002년, 발전 및 확장기

이 기간은 고급기술산업화에 있어서 기술과 품질의 획기적인 진보가 있었으며, 상품과 자본시장의 규모와 종류에 있어서 급격한 발전단계였다. 이 시기에 있어서 북경대학의 교판기업은 자주적인 개발능력에 있어서 급속한 성장이 있었으며, 기업경영과 관련업무처리 능력에 있어서 획기적인 발전이 있었다.

▪ 3단계 : 2002년 이후 규모화의 실현과 통합의 가속화

이 기간은 재산권과 책임권한의 확정과 학교와 교판기업의 분리 및 관리의 합리화 등, 현대적인 기업제도의 확립을 목표로 북경대학자산경영유한공사가 설립되었으며, 교판기업의 제도개선과 산업항목의 정리, 자산의 재조정이 있었다.

(2) 북경대학 교판기업 발전현황

20년의 발전과정 중 북경대학의 교판기업은 경제적 규모와 그 내용면에서 모두 확연한 발전을 이루어 내었다. 2004년도 북경대 교판기업의 연총

생산액은 245억위안에 이르러 국가경제발전에 큰 기여를 하였다. 또한 학교산업의 발전에 있어 그 명성을 떨쳤으며, 중국고등교육기관산업의 발전에 새로운 모델을 제시하였다.

(가) 교판기업의 체제개혁

국무원58호문건을 바탕으로 하여, 재산권을 명확히 정의하고, 권리와 책임을 명확히 하며, 학교와 교판기업의 분리를 추구하고, 과학적인 관리 등 현대기업제도의 기본요구사항을 충족시키기 위해, 2002년부터, 북경대는 교육부의 통일부서의 지도하에 첨단과학기술분야에 있어서 교판기업의 설립과 퇴출에 대한 제도적인 개혁을 실시하였다.

- 구체적인 체제개혁방안
- 자본으로 연결된 북경대자산경영공사(北大资产经营公司)를 건립하여, 교판기업 및 대외투자자본의 주식권리를 대표하며, 경영과 감독 및 관리를 한다.
- 현재의 교판기업을 각 기업별로 차별화된 정책을 실시하여, 구별되는 규범과 관리를 진행하며, 그 업적과 효율성 제고를 위해 통합과 정리를 통하여 기업수를 줄인다.
- 모범교판기업의 명칭은 기업발전에 있어 유무형의 지원을 하고 있으나, 동시에 학교의 명예를 위해 그 관리와 유지에 신경을 써야한다. 이를 위해 북경대는 (기업의 북경대학의 명칭사용에 관한 규범)을 제정하여 북경대학명칭사용에 관해 명확하게 규정하였다.(2004년 제25호)

(나) 교판산업체제개혁의 기본진행상황

① 북경대학자산경영공사의 설립

국무원 58호 문건에 의거, 북경대학은 2002년 6월에 북경대학자산경영유한공사(北大资产经营有限公司)를 설립했으며, 이 회사는 북경대의 모든 경영성 자산에 대한 출자인의 권리를 가지며, 법원이 정한 주주의 권리를 가지며, 북경대의 통제 하에 기업의 원만한 발전과 국유자산의 보호 및 가치증대를 추구한다.

② 사대주요기업의 개혁상황

북대방정집단(北大方正集团), 북대자원집단(北大资源集团), 북대말명집단(北大未名集团)의 개혁과정은 이미 완성되었으며, 북대청조집단(北大青鸟集团)의 개혁은 현재 진행 중이다. 북대산업개혁 이후, 북대주변의 토지와 기타 부동산은 국유자산으로 북대자산경영공사에 귀속되어 국유재산으로서의 안전을 확보하였다. 동시에, 학교 내의 연구개발을 위해, 이를 효과적으로 배분하고 배정함으로서 교내연구개발의 공간을 확보하고 있다.

③ 북경대명칭사용 및 기업퇴출 및 전환

통합정리 과정 중 북경대명칭의 사용이 취소되거나 퇴출 정리된 기업이 41개이며, 나머지 4개 기업은 주요사대그룹에 포함되었으며, 나머지 3개 기업의 개명 및 정리 작업은 현재 진행 중이다. (공사법)발표이후에 설립된 유한책임공사에 대해서는 이미 분리 및 개명작업을 완료하였다. 이 과정 중에서 북경대학교녹색과기유한 공사(北大绿色科技有限公司)는 학교기업정리의 하나의 중요한 사례를 남겼다.

북경 대학교녹색공사는 2001년 초 설립되었으며, 등록자산1000만 위안이다. 북대자산경영 공사가 이 회사주식의 40.79%의 지분을 보유하고 있으며, 해마다 배당총액이 400만위안에 이른다. 본회사의 지속적인 발전과 자기자산 확보 및 경쟁능력 제고를 위해 6월22일 북경대학교녹색과기유한공사는 미국의 카길과 자산구매협의를 체결

하였다. 협의서에 의거하여, 미국카길사는 6600만위안의 가격에 북대녹생공사의 모든 자산과 업무를 구매하였다. 이 인수를 통해 북대녹생공사의 주주는 원투자액의 7배에 달하는 보상을 받음으로서 학교에 막대한 경제적 이익을 남겼으며, 동시에 북대교판기업이 발전과 경영에 있어 새로운 전례를 남기게 되었다.

(다) 현재 육성중인 새로운 산업

북경대학교자산경영공사의 주요목표 중에 하나는 진일보한 과학연구개발성과의 산업화를 모색하는 것이다. 학교의 교육과 연구개발, 그리고, 교판기업간의 원활한 순환구조의 확립을 통해, 삼자간의 협조와 발전을 도모한다.

① 질화갈륨청색광LED, 백색광LED

물리학원이 자체적으로 개발한 질화갈륨청색LED와 백색광LED는 박막결정 및 칩 제조부문의 5개 항목의 특허를 따낸 중국최초, 세계일류급의 기술이다. 또한 이 항목은 중국 내에서 완전한 지적재산권을 가지고 있다.

질화갈륨청색LED기술을 바탕으로 설립된 상해북경대학남광과기유한공사(上海北大蓝光科技有限公司,현재상해남광과기유한공사로 개명)는 과기부가 지정한 국가고급기술연구 및 발전기획성과산업화기구로 선정되었다.

2004년 북경대학교는 백색광LED의 밀봉포장기술과 형광분기술을 복합하여, 북경광천과기유한공사(北京光泉科技有限公司)를 설립하였다. 현재 광천공사는 광주남방 빌딩의 LED야간조명개조작업을 마쳤으며, 양호한 경제적, 사회적 효과를 얻고 있다.

② 질화철네오디늄형 희토영구자석재료

질화철네오디늄형 희토영구자석재료항목은 3개 항목의 중국특허권을 가지고 있으며, 미국, 일본 및 유럽의 국제특허를 신청해 놓은 최첨단 기술이다. 이 기술을 바탕으로 설립된 심천북대쌍극고과기주식유한공사(深圳北大双极高科技股份有限公司) 는 외부주식자금융자5800만위안, 이 항목 총투자8700만위안 등의 성과를 이루어 내었으며, 이중 북경대는 현금1500만위안, 주식가치2900만위안의 수익을 얻어, 북경대학 단일기술이전역사상 최고의 기록을 세웠다.

(3) 북경대학대의 주요교판(校办)기업

(가) 북경대방정그룹(北大方正集団)

북경대방정그룹(北大方正集団 : 파운더, 이하 파운드라 함)은 1986년 북경대학이 투자하여 창립되었으며, 상해, 심천, 말레이시아, 홍콩 등 여섯개의 증권거래소에 상장되어있다. 현재 국내외에 20여개의 독자, 합자기업을 가지고 있으며, 직원 수 는 15000명, 국가가 지정한 6대 기술창조시범기업의 하나이며, 500대 국유기업 중에 하나이다.2003년 현재 영업이익이 200억위안에 이르고 있다. 본회사의 전자조판기술은 이미 일본과 한국 등 동아시아 시장에 성공적으로 진출 하였으며, 서방출판업계에서도 그 시장을 넓혀가고 있다. 방정그룹은 미디어, 전자출판 등의 분야에서 최첨단 기술을 보유하고 있으며, 앞으로도 IT분야에 있어 꾸준한 투자와 연구를 통해 통신, 금융, 의약품등의 분야에도 진출할 예정이다.

설립 배경에는 이 대학의 왕쉬안이 1970년대부터 추진해온 전자출판시스템이 있었다. 레이저 한자 사진 식자 시스템 '화광(華光)'을 중심으로 중국 출판계의 혁명을 노린 국가 프로젝트였다.

이 시스템을 상업화해가는 것이 이 회사의 사명이었다. 산학협동의 힘이 시장을 움직이고, <인민일보>를 시작으로 각 출판 매체의 시스템을 잇따라 수주해갔다. 현재는 중국 내 중국어 매체에 소프트웨어 제공과 함께 시스템 통합 업무에서 점유율 90%로 압도적인 강세를 보이고 있다. 인터넷 시대에 대응하여 'e-MEDIA' 전략을 내세워 네트워크 출판에도 적극 진출 중이다.

대학의 지식 역량을 총동원하여 미디어 외의 솔루션 사업에도 주력하고 있다.

GPS(위성위치확인시스템), e-비지니스, 보안, 교육, 운수, 인프라의 각 분야 업계에 폭넓게 제공하고 특히 금융, 증권, 보험 분야에서도 강세를 보이고 있다.

하드웨어 분야에서도 폭넓게 사업을 추진하고 있다. 가정용, 상업용 컴퓨터부터 PDA, 디지털 카메라, 디스플레이 판넬, 스캐너, 프린터 등의 브랜드를 구축하고 있다. 사업내용을 확대하면서 분사화도 진행해 4개의 상장 기업, 17개의 산하 기업을 소유할 만큼 성장했다. 직원은 5000명, 총자산은 60억 위안에 이른다.

홍콩에 상장한 파운더공고 산하에는 일본 법인인 파운더 주식회사가 있으며, 유통소매업, 출판사, 신문사용 시스템 패키지, 솔루션, ASP 등의 일관된 서비스를 제공 하고 있다. 앞으로도 브로드밴드, 이동통신에도 깊이 관여할 태세이다. 산학협동의 선구자로서 유능한 인재를 활용하여 중국 IT업계를 이끌어갈 것으로 보인다.

(나) 북대청조그룹(北大青鸟集团)

북대청조그룹은 1994년 11월에 창립되었으며, 북대 산하의 첨단기술그룹이다. 98년 현재 등록 총자산1.4억 위안이다. 본 그룹은 원래 북경대의 정부지원하의 컴퓨터프로그램 개발 프로젝트인 청조공청(青鸟工程)으로 출발하여, 그 개발기술의 산업화를 위해 설립된 회사이다.

현재 청조그룹은 IT산업, 교육, 문화미디어, 부동산, 산업적 핵 이용의 다섯 가지의 주력산업을 가지고 있으며, 5개의 상장사와 수십 개의 자회사를 소유하고 있다. 현재 7000명의 직원을 가지고 있다.

(다) 북대말명그룹(北京北大未名生物工程集团)

북대말명그룹은 북경대학의 사대산업그룹 중에 하나로서, 생명공학과 제약분야를 그 주력산업으로 한다. 현재 제약, 천연약물, 화학약품, 진단시제, 농업생물, 건강보조식품분야에서 우수한 경영실적을 내고 있다.1992년, 40만위안의 자본으로 시작한 말명그룹은 현재 산동과흥생물제품 주식회사(山东科兴生物制品有限公司), 북경가흥생물제품 주식회사(北京科兴生物制品有限公司), 심천과흥생물 주식회사(深圳科兴生物工程股份有限公司), 하문북대대지로생물 주식회사(厦门北大之路生物工程有限公司)등 10개 기업, 20여종의 생화학약품품종을 보유하고 있다.

(4) 북경대학 기술지주회사의 발전전략

대학의 교판산업은 학교 본래의 특징과 장점을 살려야 하며, 동시에, 엄격한 시장과 경제의 규범에 의거하여 운영되어야 한다. 그렇지 않을 경우, 산학협력의 융합과 발전은 앞으로 그 가능성이 희박하다 할 수 있다. 따라서 북경대학의 산학협력은 산학간의 밀접한 관계를 유지하고, 또한 합리적이고 효율적인 운영기법을 통한 관리와 통제를 필요로 하고 있다.

(가) 교판산업발전에 있어서 교산관리위원회의 주도적인 관리와 통제

북경대학교산관리위원회(北京大学校产管理委员会 이하, 산관회)는 북대의 경영성 자산의 운영과 관리를 담당하여 교판기업의 발전을 촉진하고, 기술이전을 담당하는 정책결정기구이다. 주요 정책결정사항으로는 ①북경대산업의 발전방향을 결정 하고, ②정책 및 발전계획을 수립하여, 북경대학의 연구개발 및 그 결과의 이전을 담당하며, ③북경대산업의 자산관리제도를 결정하며, ④합자, 합작기업의 설립 및 명칭사용에 관한 감사와 비준을 한다. ⑤교판기업의 주요항목에 대한 투자를 결정하며, ⑥교판기업과 학교 내 다른 기관과의 유기적인 협력을 도모하여, 교판기업의 경영자주권과 정상적인 경영활동을 보장한다.

(나) 교판기업의 발전에 있어서 자산경영공사의 주도적인 작용을 도모

북대자산경영공사의 경영원칙은 북경대학경영자산의 보호와 가치증대, 북경대 개발연구 성과의 산업화의 활성화, 안정적인 자금유동성확보 등이 있다. 그 구체적인사항은 다음과 같다.

▪ 계획설계 : 거시적인 산학협력의 발전전략과 방침, 그 구체적인 실시방안 등을 설계한다.

▪ 플랫폼건설 : 관리통제체계, 기구, 조직구조 등의 방면에 있어서 각종자 원을 효율적으로 취합하고, 이를 산학발전을 위해 효과적으로 정리 활용할 수 있는 플랫폼을 건설한다.

▪ 융자 : 교판기업의 발전에 있어 자본유입은 매우 중요한 부분이다. 북대자산경영공사는 북경대가 보유한 신뢰도와 실제 능력에 바탕하여 양호한 자본 투자신뢰도를 확보하고 있다. 이를 이용하여, 교판기업에 담보와 자금지원을 제공하며, 동시에, 이를 통해 교판기업의 관리와 감독을 강화할 수 있다.

▪ 기술이전 : 연구개발은 산업발전의 원동력이며, 기업발전의 주요 요소이다. 따라서 북대자산경영공사는 앞으로 북경대학산업기금을 통해 교내 연구개발의 결과의 산업화를 추구한다. 다른 한편으로 자산경영공사는 “유학생창업원”을 통해 귀국인 재들의 초기연구자금을 지원하고 있다.

▪ 제도건설 : 규정의 제정은 제도화된 관리체제 확립을 위한 전단계이며, 기존의 관계규정을 정리하여, 현재의 상황과 미래의 발전수요를 감안하여 새로이 더 세밀 하게 제정하였다. 이 규정은 원칙적인 내용을 포함, 법인관리구조, 인사, 명의사용, 재무 등 제 방면에 걸쳐 상세히 정리하였으며 교판기업의 발전의 궤도를 구성 하였다.

▪ 관리감독 : 북대자산경영공사는 자회사에 대하여 모회사로서의 지배구조를 가지며, 자회사의 전략 및 재무관리에 중점을 두며 기타 운영부분에 있어서는 자회사에 재량권을 부여한다.

① 주주권리행사

자회사에 이사, 감사, 필요할 경우 총 경리 또는 재무책임자를 상주시켜, 자회사의 감독 및 관리를 실시하며 건전한 회사경영을 도모한다.

② 회계감사

회계감사, 특히 내부회계감사를 통하여, 자회사의 경영관리를 통제하며 대외투자 및 전략, 자금관리 등의 상황을 점검한다.

라. 중국 대학의 최근 개혁 추진현황

(1) 교판기업의 개혁 기본방향

중국의 대학과학기술기업은 대학 개혁심화과정에서 나타난 새로운 산물로, 원래 교판기업(校辦企業)이란 이름으로 잘 알려져 있다. 이 대학과학기술기업은 지난 20여 년 동안 중국 첨단기술산업 발전을 이끌어 온 중요한 성장동력으로서 그 수가 청화동방(淸華同方), 북대방정(北大方正) 등을 포함해 현재 총 2,355개에 이르는 것으로 집계되고 있다.

그러나 지금과 같은 대학과학기술기업으로 거듭나기 이전인 1990년대, 고속성장을 거듭하던 교판기업도 중국 경제규모의 지속적인 확대 및 외부환경의 끊임없는 변화로 소유권관계, 경영리스크, 관리시스템, 투자/퇴출메커니즘 등 문제로 인한 어려움에 직면한 경험이 있다. 이는 자연스럽게 대학 및 대학 산하기업 개혁을 촉발시키는 원인으로 작용하였다.

대학개혁은 2001년 국무원 경제체제개혁판공실과 교육부가 발표한 대학개혁 관련 '의견'을 기조로 북경대학과 청화대학이 대학과학기술기업 시스템시범개혁을 실시하면서 시작되었다. 그 이후 지금까지 중국 전역에 걸쳐 많은 대학들이 자체 특성에 맞는 개혁을 추진하고 있는데, 특히 그 중 대표적인 대학들의 개혁 추진상황을 살펴봄으로써 중국의 과학기술교육 개혁에 대한 맥락을 짚어볼 필요가 있다.

(2) 주요 대학별 개혁 현황

(가) 북경대학

북경대학은 2002년부터 "분명한 소유권 관계, 독자운영"이라는 기본원칙 하에 대학과학기술기업 체제개혁을 추진하였다. 그 첫 단추로서 2002년 "회사법(公司法)" 을 발표, 대학자산을 통일 관리할 "북경대학자산경영유한공사(北大資産經營有限公司)"를 설립함으로써 북경대학 소유의 모든 경영성 자산(유동자산)에 대해 출자자 권리를 행사하였다. 즉, 관련법을 근거로 주주로서의 모든 권리를 행사하는 동시에 "북경대학"의 영향력을 이용, 산하기업 자산증식에 집중하는 모습을 보였다. 북경 대학은 그 다음 단계로 북대방정그룹(北大方正集團) 등 4대 주력기업에 대한 체제 개혁을 추진했는데, 그 중 북대방정그룹과 북대자원그룹(北大資源集團), 북대미명

그룹(北大未名集團)의 체제개혁은 현재 기본적으로 끝난 상태이며, 나머지 북대청조그룹(北大青鳥集團)의 체제개혁은 추진 중에 있는 것으로 알려지고 있다. 주력기업 개혁 외에도 북경대학은"대학명 사용 및 파산"관련 규정도 보완한 다음 현재까지 41개에 이르는 군소 기업에 대해 정리/파산/대학명사용 취소개혁을 단행하였고, 5개 기업을 북대방정 등 4대 주력기업에 합병시켰으며, 3개 기업에 대해서는 회사명 변경을 촉구한 상태다. 그 중 북대녹색과학기술 유한공사(北大綠色科技有限公司)는 북경대학이 과감하게 투자를 철회한 대표적인 사례로 꼽히고 있다. 이 회사는 북경대학이 미국 Cargill사와 초기자본의 7배인 6,600만 위엔에 자산과 경영권 전부를 양도한다는 내용의「자산구매협정서」를 체결한 다음 매각된 사례로, 북경대학에 커다란 경제적 이익을 가져다주었을 뿐만 아니라 대학의 기업투자/퇴출메커니즘 구축에 새로운 전례를 남긴 것으로 평가되고 있다.

2002년부터 시작된 체계개혁에 힘입어 북경대학 과학기술기업의 연간 생산액은 245억 위엔 이상을 기록하고 있는 것으로 알려지고 있다.

(나) 청화대학

청화대학은 북경대학보다 한 해 먼저인 2001년부터 "대학과학기술기업 시스템 및 관리 규범화 시범개혁 사업"을 추진했다.

청화대학이 취한 첫 번째 조치는 청화대학 산하 모든 과학기술기업 자산을 조사/평가/재분배 한 다음, 이들 직접관리 하에 있던 유동자산(경영성자산)과 주식을 "청화대학기업그룹(青華大學企業集團)2)"에 무상으로 양도하고 , 반대로 산하기업들이 소유했던 청화대학의 고정자산(부동산 소유권 위주, 비경영성자산)을 전부 청화대학에 귀속시킨 것이다.

2003년에 들어서 "청화대학기업그룹"을 청화대학을 대표해 기존 산하기업 및 대학의 투자주식을 관리할 수 있는 "청화공고유한공사(清華控股有限公司)3)"로 전환 한 다음 당시 독자무한책임공사였던 "북경청화과기원발전센터(北京清華科技園發展中心)"와 "청화자광그룹(清華紫光集團)"을 인수합병하는 단계를 거쳤다. 이 공사 설립으로 청화대학은 회계장부/관리

/인사업무가 대학과 분리된 과학기술기업 독자 경영시스템을 기본적으로 구축할 수 있었다.

"청화지주유한공사" 설립은 청화대학 개혁의 첫 번째 신호탄으로서 이후 이어지는 산하기업의 후속 개혁에 구심점 역할을 했다. 이 공사는 다년간 경영실적이 하락을 거듭해 발전전망이 없거나 과학기술산업화 가능성이 적다고 판단 된 37개 "학과소속 독자기업(係辦獨資企業)"을 정리하는데 주도적 역할을 했는가 하면, 청화대학 위탁을 받아 2005년 말까지 대학명 사용금지 기업을 추리는 사업도 진행하고 있다. 2004년 말 현재, 청화대학 소속 과학기술기업의 총자산 규모는 210억 위엔(약26억 달러)에 이르는 것으로 집계되었다.

(다) 복단대학

상해 복단대학은"일류수준의 교학/연구 능력에 기반한 사회서비스 제공"을 모토로 첨단기술 산업화와 지역경제발전을 촉진할 수 있는 대학과학기술기업 개혁을 적극 추진하고 있다.

우선 복단대학은 기존에 가지고 있던 우수한 첨단기술 원천혁신 능력과 과학기술성과 전환 능력을 활용해 특색지주산업(특화주력산업)을 발전시키는 과정에서 "성과전환-대학자체 인큐베이팅-민간자본 유치-기업확장-자본시장 진입"이라는 대학 과학기술기업 발전모델을 확립하였는데, 이 모델은 곧바로 상해 양포(楊浦)구노공업 기지개조 프로젝트에 투입될 복단대학 과학기술성과, 인력자원 활용기지인 "복단대학과기원"건설로 구체화되었다.

"복단대학과기원"은 이미 건설기획 단계에서부터 양포구 정부의 자금 및 정책적 지원을 받아 우수한 대학과학기술기업 인큐베이팅/창업 환경을 갖춘 것으로 유명하며, 2001년 5월에는 중국과기부와 교육부로부터 "국가(급)대학과기원"으로 정식 비준 받는 개가를 올렸다.

현재 첨단기술기업들로 둘러싸여 있는 복단대학은 상해 기술성과 전환기지 겸 지역경제발전의 원동력으로서 그 역할을 충분히 발휘하고 있다.

(라) 중남대학

중남대학은 소위 "학과형 기업제도(學科性公司制)"라는 것을 만들어 과학기술 기업 개혁을 꾀하고 있다. 이 대학은 개혁 초기「중남대학 기술지분 관리방법을 제정, 기술성과로 취득한 대부분의 주식을 과학기술인력에게 나누어 줌으로써 그들의 혁신성과창업정신을 고무시키는데 많은 노력을 기울였다.

「중남대학 기술지분관리방법」이 바로 "학과형 기업제도"시행의 근거라고 보면 된다. "학과형 기업제도"는 한마디로 대학의 인력자원과 기술성과를 바탕으로 만들어진 "기술지분제 방식"을 통해 민간투자를 끌어들인 후 과학기술기업을 설립하여, 이렇게 설립된 과학기술기업으로 고효율의 첨단기술 산업화를 촉진하는 동시에 대학 발전도 촉진하는 것이다. 즉, 기업을 관리할 CEO 는 민간투자자 측에서 맡고 CTO(최고기술경영자)는 대학 교수단이 맡아 기술지도와 연구개발을 수행하는 것을 특징으로 하고 있다.

중남대학은 이 제도를 실시한지 5년 만에 1.4억 위엔에 상당하는 무형자산(주로기술성과)으로 7억 위엔 이상의 민간사회자금을 유치하는데 성공했을 뿐만 아니라, 지적요소(인재, 기술 등)와 생산요소(자금, 경영 등)의 효율적 결합을 통해 첨단기술 상업화주기를 크게 단축시키는 성과도 올렸다. 이는 중국 대학과학기술 기업 발전에서 하나의 획기적인 모델로 주목받기에 충분하다.

(마) 화중과학기술대학

화중과학기술대학 대학기업 개혁에서 관심을 끄는 것은 지속적인 기술성과 전환플랫폼과 효과적인 상업화시스템 구축을 목적으로 하는 "4개 단계 도약모델"제시이다.

4단계 모델에서 첫 번째 단계는 상업화 전망이 좋은 연구 성과를 끊임없이 배출할 수 있도록 대학 내에 시장수요에 민감한 R&D플랫폼을 구축하는 것이다. 그 다음 학교 주위에 과학기술기업 인큐베이터를 설립, 창업

분위기를 고조시킴과 동시에 과학기술기업 창업성공률을 높이고, 세 번째 단계로서 창업성공 기업들이 안정된 기업경영 단계로 나아갈 수 있도록 산업단지를 건설한다. 산업단지 건설은 자산재편, 투자유치를 통한 대규모 첨단기술기업군 육성에 효과적인 수단이라고 할 수 있다.

마지막 단계에서는 경영실적이 열악한 기업의 주식을 다른 주주에게 양도하는 등 전략적 자산 양도 방법을 활용함으로써 효율적 자원배분메커니즘을 구축하는 것이다.

본 메커니즘은 양도 자금이 차기 제품 연구개발 및 신규성과 상업화 촉진에 쓰일 수 있도록 하는 안정된 시스템이 되고 있다. 화중과기대학은 이 발전전략에 근거하여 대학 내에 R&D센터, 창업인큐베이터, 대학과기원 등으로 구성된 기술성과 상업화 사슬을 기본적으로 구축한 상태다.

(3) 개혁 실적

2001년부터 단행된 대학과학기술기업 개혁을 통해 중국 전역의 592개 대학 산하 2,355개 과학기술기업 총 수익은 2004년도 현재, 전년대비 20.76% 성장한 806.78억 위엔을 기록하였다고 교육부 과학기술발전센터가 발표하였다.

806.78억 위엔 중 대학에 반납된 자금은 8.25억 위엔(전년대비 6.59% 증가), 국가가 납부한 세금은 38.48억 위엔(전년대비 30.88% 증가), 사회에 재투자된 자금은 62.34억 위엔(전년대비 41.26% 증가)이란 점에서 대학과학기술기업은 대학 자체 발전과 국가/사회 발전에 커다란 기여를 하는 것으로 평가되고 있다.

대학별 실적을 보면 592개 대학 중 수익 1억 위엔 이상 창출 기업을 보유하고 있는 대학이 58개, 이들 대학 산하기업 수익을 합하면 746.45억 위엔(전국 대학 과학 기술기업 창출 수익의 92.52%)에 이른다고 한다.

특히 58개 대학 중에서도 북경대학, 청화대학, 절강대학, 동북대학, 상해동제대학, 중국석유대학, 하얼빈공업대학, 무한대학, 복단대학, 서안교통대학, 화중과학기술대학, 중산대학 등 12개 대학은 수익액 10억 위엔 이상의 대형 과학기술기업을 가지고 있는 것으로 유명하다.

대학과학기술기업 성(시)별 수익실적에서는 북경시가 2004년도에 413.94억 위엔, 상해시가 62.93억 위엔, 절강성이 46.71억 위엔, 강소성이 41.97억 위엔, 요령성이 39.91억 위엔을 기록해 전국 5위권을 형성하였다. 그러나 이들 5위권 내성(시) 대학과학기술기업 창출 수익이 전체의 75.05%인 605.46억 위엔 이르고 있어 대학산하 기업의 개혁성과가 일부 지역에서만 두드러지고 있는 불균형 현상을 감지할 수 있다.

몇몇 대학과 지역의 과학기술기업에 수익실적이 집중되고 있는 현상이나 중국에서 대학기술성과의 5%만이 대학 산하기업에 의해 상업화되고 있는 실정에 비추어 보면 중국의 대학과학기술기업 개혁사업은 아직 시작단계에 불과하다고 말할 수 있다. 그러나 우수 과학기술기업 육성을 위한 각 대학의 자체 특성에 맞는 개혁조치들이 지역 경제발전에 커다란 영향을 미치고 있으며, 이들 기업이 중국 첨단기술기업의 중요한 축을 형성하고 있다는 것만은 누구도 부인할 수 없는 사실이라는 점에서 중국 대학과학기술기업에 대한 관심과 연구는 계속 되어야 할 것이다.

5. 일본의 산학협력 운영현황

대학에서 연구 개발된 기술이전의 원활한 촉진을 위하여 1998년 8월 대학의 연구 성과를 민간사업자로 이전하는 사업을 실시하는 기관 중, 실시계획의 승인을 받은 기관에 대해서 조성금의 교부와 책무보증 등의 지원조치를 행하는 <대학 등에 있어서 기술에 관한 연구 성과의 민간사업자로의 이전촉진에 관한 법률(이하 '대학 등 기술이전촉진법'이라고 함)>이 시행되었다.

또 공동연구와 국가 등으로부터 위탁연구의 성과로서 얻은 특허권 등에 대해서 공동연구와 위탁상대기관에 우선적인 실시권이 부여될 수 있도록 각 기관에서 계약내용을 정비하는 것으로 되어 있다.

게다가 성과의 원활한 이전을 위하여 각 정부기관에서 국가의 연구자의 겸업허가기준의 명확화와 특허권의 개인귀속 등의 규정정비가 행해져 국립시험연구기관의 겸업허가건수와 특허의 개인귀속의 건수가 증가하고 있다.

또한 대학연구자의 연구 성과(특허 등의 발명)를 발굴·평가하고 이를 특허청에 출원하여 권리화 하고 그 특허 권 등을 기업에 이전하여 사용하도록 하고, 기업으로부터 실시료를 받아 그것을 대학과 발명자에게 연구비를 배분하기 위한 전담기구로 기술이전기관(TLO)을 설립·운영하도록 지원하고 있다.

이는 대학의 연구 성과가 사회에 활용되고 신사업·신산업 창출에 공헌함과 더불어 대학과 연구자의 연구 활동 활성화를 도모하고자 정책적으로 추진하고 있다. 다음은 대학의 기술이전과 관련된 기술이전기관(TLO) 의 현황으로 2005년 7월 현재 주식회사 및 재단법인형태가 32개사, 대학내 학내 조직이 8개사이다.

1998년 8월 시행된 TLO 실적은 매년 증가하고 있다. 문부과학성에 의하면 2004년도 3월 기준으로 특허출원건수는 6,314건이며 TLO가 기업에 특허권을 양도한 계약을 포함한 실시권 허락건수는 1,236건, 실시료는

1,393백만엔에 이르고 있다.

또한 TLO에 대한 지원을 다양하게 시행하여 TLO의 업무활성화를 유도하고 있으며 다음은 TLO에 대한 구체적인 사업별 지원내용이다.

<표 Ⅲ-12> TLO에 대한 사업별 지원 내용

구분	지원내용
1. 대학 등 기술이전 촉진비 보조금의 교부	승인실시기관에 속하는 사업에 대해 경제산업성으로부터 보조금의 교부를 받을 수 있다. · 보조대상자 : 문부과학대신 또는 경제산업대신으로부터 승인을 받은 TLO · 보조비율 : 2/3이내, 1년에 3억원의 상한 · 보조기간 : 5년 간 · 보조대상경비 : 승인실시계획의 실시에 필요한 경비 중 이하에 나타내는 것 ① 기술 Sereds수집·평가·조사 경비 ② 해외출원경비 ③ 정보가공·편집·발신경비 ④ 기술지도경비 ⑤ 기술이전 전문가 인건비(기술개시활동 상당 분)
2. 중소기업기반 정비 기구에 의한 책무 보증	승인실시계획에 따르는 사업에 필요한 자금의 대여에 대하여 중소기업기반정비기구에 의한 채무보증을 얻을 수 있다.
3. 승인 TLO가 출원하는 특허에 대해서의 특허료 등의 감면(산업 활력재생특별조치법)	승인 TLO가 특정대학기술이전사업을 행할 때 납부해야하는 특허료(1~3년분) 또는 심사청구수수료에 대해서 1/2가 감액된다.
4. 승인TLO의 국유시설(대학시설)의 무상사용 (산업경쟁력 강화법)	승인 TLO가 특정대학기술이전사업을 행할 때 활동을 행하는 국유시설을 무상으로 사용할 수 있다.
5. 기술이전의 전문가(특허유통어드바이서)의 파견	승인 TLO에 대하여 기술이전의 전문가인 특허유통의 어드바이서가 독립행정법인공업소유권 종합정보관에 의해 파견 된다.
6. 승인 TLO로의 출자(국립대학법인법)	국립대학법인은 승인 TLO에 출자를 할 수 있다.
7. 중소기업투자육성주식회사에 의한 출자의 특례(승인 TLO로부터 기술이전대상에 대한 지원조치)	승인 TLO에 의해 대학 등의 연구 성과가 이전된 중소기업에 대하여 중소기업투자육성주식회사에 의한 출자의 특례 조치를 받을 수 있다.

자료: 서판길 등(2005)

6. 그 외지역의 산학협력 현황

1) 스웨덴의 산학협력 운영현황

2004년 자료에 따르면 스웨덴의 GDP 대비 연구개발투자는 4.3%로 세계 2위이다. 일본의 경우 산학협력과 기술이전에 대하여 주로 미국대학의 사례가 연구되어 왔으나 최근 유럽대학에 대한 연구도 관심을 모으고 있다. 이는 일본과 유럽 간의 공통점이 많다는 점에 착안한 것이다. 예를 들어 미국에는 산학협력과 기술이전에 관하여 사립대학의 역할이 중요한데 반하여 독일, 오스트리아, 스웨덴 등 유럽에서는 대학교육의 전부 또는 대다수를 국립대학들이 수행해 온 점, 이들 국가의 대학 들은 전후 인재양성과 학술연구의 양면에서 공적기관으로서 사회적 역할을 수립하여 일반적·평균적 교육수준이 높은 사회적 특성이 있는 점, 산학협동과 기술이전에서 선두주자인 미국을 추월하기 위하여 이론과 학문중심의 전통적 대학관을 탈피하여 실용적 가치관을 채용하는 추세인 점, 버블경제의 붕괴시기가 같고 노령화사회에 진입한 점 등을 들 수 있다.

학술연구와 고등교육의 중심인 국립대학에서는 직접영리기업에 출자하는 것이 금지되어 있다. 여기서 전국적으로 7개의 대표적 대학은 각기 출자하여 지주회사를 설립하였다. 이와 병행하여 스웨덴정부가 설립한 산학협력 및 기술이전기관인 The Foundation for Technology Transfer도 전국 7개소에 설립되었는데, 이들 기관은 정부 예산을 시한부로 투입하고 일정기간 경과 후에는 자립하는 것을 목적으로 하는 프로젝트이다. 산학협력에 관련한 투자는 대학으로부터 직접 출자되는 것이 아니고 지주회사로부터 행하여진다. 기술이전기관 역시 지주회사가 출자하는 주식회사형태로 존재한다.

스웨덴에 있어서 개별 연구실이 기업과 공동연구를 행하는 경우가 많으며 특허권 등 교수의 연구 성과는 교수개인에게 귀속하는 것이 원칙이어서 대학이 산학협력 상황을 정확하게 파악하지 못하는 실정이라고 한다. 대학 내 지적재산권이 대학에 귀속하는 형태로 전환되어야 한다는 논의가 진행 중인 것으로 알려졌다.

가. 왕립공과대학지주회사

주요대학과 기업을 중심으로 산업집적단지가 형성되어 있는 스톡홀름의 경우 바이오분야를 중심으로 지역진흥정책이 집행되고 있다.

이 가운데 왕립공과대학(Royal Institute of Technology) 소유의 지주회사인 KTH Holding Aktiebolag이 주식회사로서 독자적인 벤처캐피탈인 KTH Seed Capital을 보유하고 자신의 지금과 산업계로부터 조달된 자금으로 2005년 현재 12 개의 대학 발 벤처에 출자하고 있다. 또한 「Startup House Project」로 명명된 인큐베이션 프로그램을 운영하고 있다. 현재 25개의 프로젝트가 스타트업 단계에 있으며 사업화단계에 도달한 것은 8개 프로젝트이다. 현재까지 최장 3년간의 인큐베이션기간을 지나 19개사가 출범하였다.

왕립공과대학지주회사의 특징적인 조직으로 「External Relations Office」가 있다. 이는 연구자가 연구에 전념할 수 있는 환경을 구축하는 것을 목표로 1998년에 조직되어 이공계박사학위소지자 5명을 포함하여 8명의 직원으로 구성되어 있는데 소관업무는 EU전역으로부터의 외부연구자금공모정보를 주1회 정도 갱신하여 제공 하며, 그에 대한 보고서를 작성과 학회 등에서의 발표자료 작성을 지원하는 일 등 이다. 만일 왕립공과대학의 연구자가 연구비를 받게 된 경우에는 연구의 요점에 대한 아이디어를 ERO의 직원에게 구두로 전달하며 이는 평균 30분정도밖에 소요되지 않는다. 지주회사 내 ERO의 존재로 연구비획득과 보고, 연구비사용상황 등 에 관한 교수의 업무 부담은 대폭 줄고 이에 대한 정보는 ERO에 수집된다. 이는 연구자뿐만 아니라 대학당국과 정부의 유익한 정보자료가 된다.

나. 카롤린스카대학지주회사

Karolinska Institutet는 세계 유수의 의학·생물학전공대학으로 알려져 있다. 교수와 연구자 1,500여명, 실험보조요원 1,000여명, 대학원생 2,000여명의 연구 인력을 보유하고 있다. 그 밖에 3개부속병원의 근무자가 12,500여명이다. 이 대학의 산학협력 및 기술이전상황은 대학전체로 파악되지 않고 연구전략도 부분별로 결정되고 있다. 그러나 왕립공과대학과 비슷한 지주회사로 KIHAB를 갖고 있다.

이 지주회사는 중점사업으로 독특한 산학협력을 하고 있는데 특히 벤처지원시스템의 구축이 주목받고 있다.

벤처기업에의 투자는 일반적으로 투자리스크가 크고 특히 의료나 바이오계통의 벤처기업에 있어서는 투자비용이 클 뿐만 아니라 초기투자로부터 수익을 실현하기 까지 장기가 소요되며 수익실현의 가능성도 가늠하기 어렵다는 특징을 지닌다. 이 와 같은 특징을 반영하여 최초의 seed money를 대는 벤처 캐피탈회사(KIAB)는 민간벤처캐피탈에 조기단계에서 보유주식을 매각하는 방식을 택하고 있다. 이로써 민간 벤처캐피탈은 단순히 카롤린스카대학의 벤처에 대하여 수입을 목적으로 자금을 제공하는데 그치지 않고 동대학 지주회사의 위험을 일부 인수하는 것이 된다.

이와 같은 카롤린스카대학의 벤처지원시스템은 대학이 소유하는 지주회사를 중핵으로 하여 민간벤처캐피탈을 끌어 들임으로서 위험과 수익을 공유하는 형태가 된다.

2) 이스라엘의 산학협력 운영현황

이론 못지않게 응용과 실용을 중시하는 이스라엘의 학풍에 따라 이스라엘의 연구 대학들은 대학 내에 연구 성과의 상업화를 실현하기 위한 조직(commercial unit)를 갖고 있다고 한다. 대표적인 것이 Technion대학으로 모든 이스라엘 연구대학의 모델이 되고 있다.

이스라엘 최초의 대학 내 상업화 조직으로 1952년 설립된 Technion R&D Foundation은 테크니온대학이 전액출자한 인큐베이터 지주회사인 Dimotech사를 통하여 44개 기업의 창업을 지원하였다. TRDF는 테크니온대학에서의 연구를 고취하고, 기술이전, 산업적 검사와 서비스, 발명과 아이디어의 사업화를 증진하기 위하여 설립되었다.

TRDF는 그 자신 지주회사로서 의료, 우주공학, 전자, 올리브유제품 등 11개의 회사를 거느리고 있으며, 한편으로 Dimotech사의 지주회사이기도 하다.

이는 대학 내의 기업형태를 의미하는 것으로 대학 내 새로운 연구결과에 대한 분석, 특허 등 지적재산권의 권리화, 유지, 정부나 기업의 재정지원을 받는 산학협력 계약에 대한 사업성이나 지적재산의 인증과 협상, 기술의 홍보 등 마케팅, 실시 계약이나 양도계약의 체결, TRDF와 테크니온 협동 인큐베이터회사의 양자에 있어서 테크니온대학의 지적재산을 기초로 스핀 오프한 기업에의 협력, TRDF가 설립 한 회사의 이사회활동 등의 업무를 수행한다. 때로는 대학의 연구결과를 스핀 오프한 기업이 창업할 때 대학을 대신하여 신생기업의 파트너가 되기도 한다.

위 의 표에서 보듯 Dimotech사는 TRDF의 완전 자회사이자 1991년 설립한 TEIC 사의 지주회사이다. Dimotech사는 테크니온대학의 연구성과를 바탕으로 한 스타트 업회사의 창업을 위한 지주회사로서의 역할을 수행한다. 대학의 연구자는 발명자 또는 협력자로서 창업회사의 관리에 일정 부분 참여하기도 하며 대학은 Dimotech사를 통하여 창업회사 지분의 일부를 소유하기도 한다. TEIC는 주로 인큐베이션을 통하여 창업을 돕는다. 창업을 위한 자본은 테크니온대학, 국내외 4개 벤처캐피탈, 공적기금, 개인엔젤 등으로부터 조달한다.

제4장 산학협력 활성화를 위한 산업관광 방안

1. 산학협력 활성화

1) 산학협력의 활성화

가. 산학협력 활성화를 위한 정책수단

▪ 산학협력이 참여주체 모두에게 이득을 창출할 수 있는 윈윈게임으로 작동하기위해서는 각 주체들의 자발적 참여를 유도할 수 있는 유인체계의 구축이 전제되어야 한다. 산학협력관계에서 효율적인 유인체계의 구축이란 각 주체들이 산학협력참여를 통해 효율적인 자원배분 및 성과 극대화를 도모 할 수 있는 일종의 시장기능을 창출하는 것이라 할 수 있다. 즉, 산학협력체계에서 유인체계가 구축되어 있다면, 기업, 대학, 연구소 등 주체들은 어느 누구가 요구하지 않더라도 스스로의 이익 추구를 위해 산학협력 활동에 참여하게 될 것이다.

▪ 산학협력관계에서 유인체계를 구축하는데 있어서 정부의 역할은 대단히 중요하다. 정부는 산학협력에 대한 직접적 개입보다는 유인체계 구축과 시스템 실패의 보완을 통해 각 주체들이 이익추구의 동기를 가지고 산학협력에 참여할 수 있는 여건 및 환경을 조성하는데 주력할 필요가 있다.

▪ 선진국의 경험에 따르면, 정부는 산학협력의 활성화를 도모하기 위해서 직접적 개입보다는 산학협력의 메카니즘이 원활하게 작동할 수 있도록 관련 하부 구조를 개선하고 유인체계를 구축하는 것이 중요하다.

주요한 정책수단으로

① 산학연 공동연구에 대한 인센티브 부여

② 산학연 공동연구센터의 운영

③ 종자자본(Seed capital)기금의 조성

④ 공공 중개 기관의 설치·운영

⑤ 분야별 연구자간 네트워크 구축 지원

⑥ 연구자의교류 및 이동 촉진 등이 제시되고 있다.

나. 산학협력 인력양성

산학협력의 산업체와 고등교육기관 간의 연구와 교육에 있어서의 협력 및 제휴관계를 의미한다. 대체로 '산학협력'이라는 용어는 연구와 관련된 산학협력, 예를 들어, 산학공동연구, 기술이전, 창업지원 등을 지칭하는 경향이 있으며, 산학협력교육훈련을 지칭할 때는 '산학협력교육'이라는 용어가 많이 사용된다.

'산학협력 인력양성'이라는 용어는 산학협력 교육에 상응하는 개념으로 사용되기도 하지만, 산업체와 대학의 협력에 의한 모든 형태의 연구와 교육이 인력양성과 관계가 있다는 점에서 산학협력 교육보다는 광의의 개념으로 해석하는 것이 타당하다.

산학협력 교육은 현장실습을 포함한 인턴십 혹은 코오프 교육, 맞춤식 교육과정운영 등을 지칭하며, 코오프(co-op, '협력'을 뜻하는 단어인 'co-operative'의 축약어)교육은 협의로는 인턴십 프로그램을 의미하지만, 점차 인턴십 프로그램을 포함한 산학협력 교육 일반을 지칭한다.

산학협력 연구와 교육을 구분하였지만, 모든 형태의 산학협력이 인력양성과 일정한 관련이 있다는 점이 강조되어야 한다. 인력양성을 목표로 하는 교육기관으로서의 대학의 활동과 연계되기 때문이다. 산학공동연구도 인력양성과 밀접하게 관련되어 있다.

기업의 임직원이 대학에 파견되어 대학의 연구소 혹은 연구실에서 대학원생 및 대학생들과 같이 연구하거나, 대학원생 등이 기업의 연구소에서 연구에 참여하는 경우, 이것은 기업과 대학이 협력하여 인력을 양성하는 것이다.

산학협력체제의 등장은 20세기 후반부터 전개되고 있는 기술혁신의 몇 가지 특징적인 변화로부터 비롯되었으며, 각국의 경제발전 단계, 산업구조, 기술혁신체제, 대학경쟁력, 사회·문화적 환경 등에 따라 다양한 형태를 취해 왔다. 선진국에서는 기업과 대학 및 연구소 간의 산학연 협력체제를 통한 국가혁신체제(National Innovation System)의 구축이 산업기술력 및 국가경쟁력 확보에 필수적이라는 인식하에, 자국에 적합한 형태의 산학협력제도를 구축하는 데 노력하고 있다.

한편, 지식기반경제에서 지식 및 인력수급의 주체들인 기업과 대학, 그리고 정부 간의 '산학관(産學官)' 관계는 글로벌화의 진전에 따라 새롭게 정의되고 있다.

국가별로 다양한 산학협력 형태들은 글로벌화의 진전에 따라 국가 간 차이가 점차 축소되면서 수렴되고 있다. 반면, 아직도 산학협력과 관련된 제도적 장치, 규제 구조, 연구자금 조달 및 연구수행기관의 체계, 지적재산권 등에서는 개별국가들의 특수성이 존재한다.

<그림 Ⅳ-1>은 개방화시대에 산학협력의 유형을 산학협력 인력양성의 관점이다. 우리나라의 경우 특히 기초 연구에서는 출연연구소가 차지하는 위상이 크지만, <그림 Ⅳ-1>의 유형 분류는 산학협력 인력양성에 초점을 두고 있기 때문에 연구소는 정부나 중개기관과 함께 기업과 대학의 산학협력을 지원하는 차원에서만 고려된다.

기업과 대학의 산학협력 인력양성이 <그림 Ⅳ-1>에 그대로 부합되는 것은 아니지만, 산학협력 인력양성의 기본적인 발전방향을 도출하기 위하여 유형화를 시도했다.

동 유형은 산학협력 교육에 초점을 둔 것으로, 연구를 통한 산학협력은 교육을 통한 산학협력에 비해서 훨씬 더 복잡한 관계를 형성할 것이므로, 그 경우 특정 유형의 대학과 기업을 연결시킨다는 것은 그다지 의미가 없을 수 있다. 그리고 세 가지 유형의 산학협력은 서로 연관되어 있으며 중첩된 부분도 있다는 점에 유의하여야 한다.

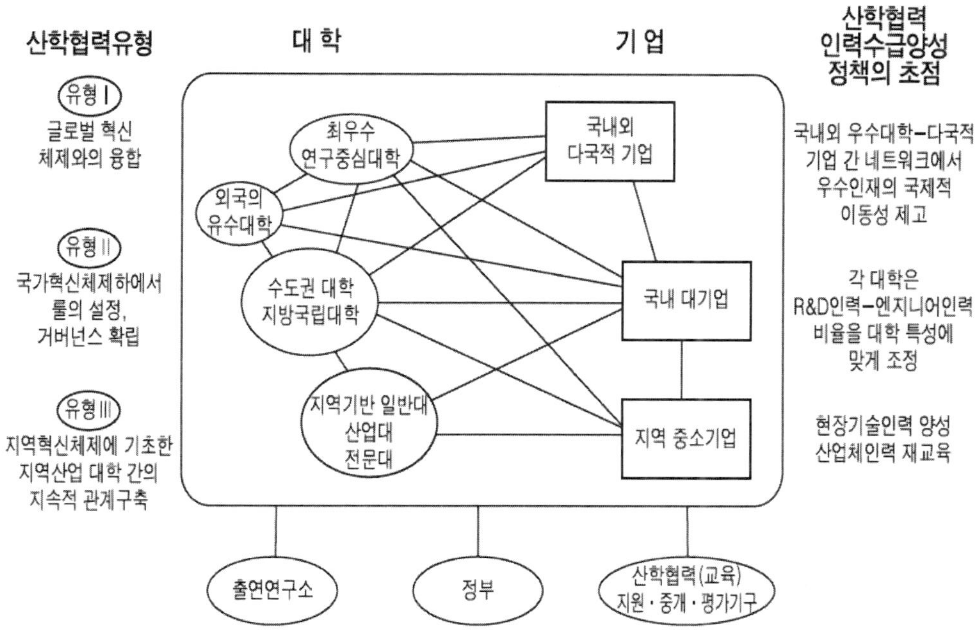

자료: 최희선(2007)

<그림 Ⅳ-1> 산학협력 인력양성의 유형과 인력수급양성 정책의 초점

(1) 글로벌 혁신형 산학협력

<그림 Ⅳ-1>의 '유형 1'은 글로벌 혁신형 산학협력 인력양성 유형으로서, 글로벌기업과 국내의 일류 연구중심대학의 산학협력이다. 글로벌 경제주체로서의 초국적기업은 세계 각국으로부터 우수인재를 채용하고, 세계 유수 대학과의 공동연구를 통하여 인력양성에 기여한다.

일류 연구중심대학은 국내에 기반을 둔 글로벌기업 뿐만 아니라 외국의 글로벌기업과도 공동연구를 통하여 인력을 양성한다. 글로벌 혁신형 산학협력 인력양성은 주로 산학공동연구의 형태를 통한 R&D-HRD의 형태로 진행되며, 대학원 교육이 중심이 된다. 산학공동연구는 교육면에서의 효과가 매우 크다.

학생들은 기업의 혁신적인 연구에 종사함으로써 연구 스타일을 학습하고, 연구자로서 역량을 키워갈 수 있다.대학에서의 연구의 수행은 교육적인측면에서 효과적이다. 예를 들어, 미국의 스탠포드대학교가 1968년에 도입한 외부연구자금 도입에 관한 가이드라인에는 산업계와의 공동연구 및 수탁연구를 행할 경우, 교육적 효과 및 학문적인 효과를 고려해야 한다고 규정하고 있다. 특히 대학원생을 프로젝트에 배정할 경우에는 연구성과를 논문으로 발표할 권리를 부여할 것을 신중히 고려한다.

글로벌 혁신형 산학협력 인력양성을 지원하기 위한 인력수급양성정책은 국제적 이동성(transnational mobility)이 높은 창의적인 인재의 육성과 해외 우수인재의 유치 및 활용에 초점을 두어야 한다. 국내의 일류 연구중심대학은 대학(원) 졸업생이 국내뿐만 아니라 해외에도 취업할 수있도록, 대학(원) 교육의 국제경쟁력을 높여야 하며, 이를 위해서는 교육의 국제화가 필수적이다.

또, 글로벌 혁신형 산학협력 인력양성을 위해서는 해외우수인재의 국제적 이동에 의한 지식 및 기술 이전 경로의 중요성을 인식해야 한다. 글로벌 혁신형 산학협력 인력양성에서는 기업이 대학의 창의력을 이용하는 사례가 많기 때문에, 대학의 경쟁력 특히 창의성이 중요한 요소이다.

선진국에서 상당수의 지식기반산업클러스터는 우수 대학 및 연구소를 중심으로 생성·발전해 왔다. 미국의 실리콘 밸리와 스탠포드대학, 독일의 뮌헨 바이오산업 단지와 LMU대학교, Max-Planck 연구소 등의 관계가 그 예이다. 우리나라는 급속한 경제발전과 함께 경쟁력 있는 글로벌 기업이 다수 성장하였으나, 세계적 수준의 대학을 배출하는 데에는 아직 성공하지 못했다.

특히 우리나라 연구중심대학의 산학공동연구를 통한 인력양성이나 사업화 추진 실적은 매우 저조하다. 또한 우리나라 연구중심대학의 경우, 외국의 유수 대학 및 연구기관과의 연구 및 교육 네트워킹이 아직 대단히 미흡한 실정이다. 즉, 우리나라의 경우 글로벌 혁신형 산학협력 인력양성 모델은 아직 제대로 형성되어 있지 않다.

(2) 국가 혁신형 산학협력 인력양성

'유형 2'는 국가 혁신형 산학협력 인력양성 유형으로서, 국가혁신체제 강화의 관점에서 기업과 대학이 일반적으로 추구하는 산학협력이다. 국가 혁신형에는 글로벌 혁신형에 포함되는 일류 연구중심대학과 지역 혁신형에 포함되는 지역기반 일반대학, 산업대학, 교육대학 및 전문대학을 제외한 대부분의 대학이 포함된다.

기업도 세계적 수준의 글로벌기업과 특정지역의 전략산업에 해당되는 기업과 한계기업을 제외한 대부분의 기업이 국가 혁신형에 속한다. 국가 혁신형 산학협력 인력양성은 국가혁신체제의 관점에서 추구하는 산학협력이 중심이지만, 그 중 일부는 글로벌 환경하에서 글로벌혁신체제로 통합되고, 다른 일부는 지역혁신체제와 중첩된다.

최근 한편에서 글로벌화(globalization)의 진전이 다른 한편에서 지방화(localization), 지역자치, 지역분권과 맞물려 전개되면서 이른바 '세방화'(glocalization)가 전개되어, 국가적 경제정책이 퇴각하고 있다는 주장도 제기되지만, 글로벌화 혹은 '세방화'에도 불구하고 국가경쟁력의 문제나 지역 갈등 조정자로서 국민국가의 역할은 도리어 증대되고 있는 것이 현실이다.19) 따라서 최근 지역혁신체제 혹은 글로벌혁신체제에 밀려 관심 밖으로 밀려나는 듯했던 국가혁신체제문제가 다시 주목되어야 한다.

산학협력 인력양성 정책에서도 국가혁신 차원에서도 추구되어야 할 중요한 부분이 있다. 국가 차원의 룰의 설정 및 거버넌스의 확립이 그것이다. 또한 장기적 국가전략 산업 육성 및 국가 전체 차원에서의 산업구조 조정이나 이와 연관된 인력수급 및 양성의 문제는 '글로벌'이나 '지역'차원에서보다는 '국가'의 차원에서 접근하는 것이 타당하다.

국가 혁신형 산학협력 인력양성에서 대학은 자신의 핵심역량에 기초한 특성화를 통해 공동연구, 산학협력 교육 등을 수행하며, 맞춤식 교육과정을 운영하는 경우에는 기업의 니즈에 맞는 인력양성을 수행한다.

맞춤식 교육과정은 고등기관 졸업자의 입직경로의 매칭(matching) 효율을 높여 준다는 점에서 주목받고 있다. 특히 공과대학의 경우에는 기업의 재교육비용을 낮추어 줄 수 있기 때문에 권장되고 있다. 하지만 맞춤식 교육과정은 수요독점으로 인한 폐해를 초래할 수 있으며, 또한 장기적으로는 기업에도이익이 되지 않을 수 있다.

예를 들어, 특정학교 출신 엔지니어가 계속적으로 많이 입사하게 되면, 인사관리상문제가 발생할 수 있다.따라서 국가적인 차원에서 보면, 인력수급양성체제는'협의의 맞춤식 교육'보다는'광의의 맞춤식 교육', 즉 산업계의 수요에 부합하는 인력양성의 관점에서 교육시스템을 경쟁력 있게 만드는 것이 중요하다.

이러한 차원에서 공학교육 인증 제도를 효율적으로 운영할 필요가 있다. 공과대학 졸업생의 73.8%가 기술 인력으로 진출하고 있기 때문에, 공과대학에서는 학생들이 세계적으로 통용될 수 있는 엔지니어의 자질을 갖추도록 교육하는 것이 필수적이다.

공학교육인증은 산업체의 요구에 맞춘 인력의 양성뿐만 아니라, 대학구조조정의 촉진, 인력의 국제적 이동성 제고 등의 효과도 기대할 수 있다. 또한 공학교육인증사업의 확대는 Washington Accord, APEC Engineer 협약 등의 회원국가입을 촉진하여, 국내에서 공학교육을 받은 엔지니어의 외국에서의 취업확대에 기여 한다.

또한 산업계의 니즈를 정확하게 판별하여 교육기관에 전달하는 시스템을 구축하는 것이 중요하다. 이러한 관점에서 산업별 인적자원개발협의체의 기능을 활성화할 필요가 있다.

(3) 지역 혁신형 산학협력 인력양성

글로벌화의 진전과 함께 지역혁신체제의 중요성이 부각되면서, 지역혁신체제는 이제 단순히 국가혁신체제의 하위 구성요소가 아니라 국가혁신을 달성하는 실질적 주체로 인식되고 있다.

우리나라 정부는 그동안 국가혁신체제 관점에서 신산업창출, 고용창출 및 경제 활성화의 수단으로 산학협력을 추진해 왔는데, 참여정부 이후에는 지역혁신체제로 관점이 확대되고 있다.

글로벌기업의 자회사가 지역 경제에서 핵심적인 역할을 수행한 사례가 증가하면서, 지역혁신체제를 중심으로 글로벌 기업의 고부가가치 활동을 유치하는 노력이 활발해졌다. 또한 국가간의 경계가 모호해지면서 지역을 기반으로 성장한 기업이 세계로 진출하는 경우도 등장하였다.

그리고 일부이기는 하지만 지방에서 혁신능력을 배양한 벤처기업이 글로벌기업과의 관련하에 세계로 진출하기도 한다.

이와 같은 '세방화'에서 대학의 역할은 더욱 강조된다. 따라서 지역혁신체제 자체가 산학협력에 의한 지역산업진흥정책에 큰 비중을 두고 있다. 현재 세계 일류대학인 스탠포드대학의 경우,20세기 초까지는 하나의 지방대학에 불과하였지만, 산학협력 특히 스타트업 기업의 설립 지원을 통한 우수졸업생의 지역 유치에 성공한 사례로 꼽힌다. 하지만, 대부분의 지역에 기반을 둔 중견기업과 중소기업은 혁신능력을 보유하는 단계로 나아가지 못하고 기술 수용 단계에 머물고 있다.

이러한 현실을 감안할 때 지역 혁신형 산학협력 인력양성 사업은 지역전략산업의 혁신과 함께 한계적인 지역산업의활력 제고에 기여하는 산학협력이어야 한다. 동 유형에서 대학은 현장기술인력 양성, 산업체 인력의 재교육, 평생교육 등을 담당하며, 산학공동연구를 통한 인력양성은 지역중소기업을 대상으로 하는 현장애로기술 개발추진을 통하여 수행한다.

현실적으로는 지역대학의 혁신역량은 상당히 제한적일 뿐만 아니라, 산학협력에 의한 지역경제 발전은 한계가 있는 경우가 많다. 대학을 중심으로 연구개발의 거점이 집적되고 이를 통해 생산 활동이 집적되어 지역의 고용을 창출할 것이라는 기대는 과장된 경우도 많다.

생산시설의 해외이전의 확산으로 대학에서는 연구가 진행되지만 기업의 생산 활동은 해외 어디에서든지 시작될 수 있기 때문이다. 하지만 '세방화'의 진전에 따라, 기업이 지역을 기반으로 세계로 진출할 수 있는 가능성과 함께, 세계의 기업이인건비와 수송비, 재료 등이 가장 저렴한 곳에서 생산을 시작할 수 있는 가능성이 높아졌다. 지역 혁신형의 산학협력은 이를 적극 활용해야 한다.

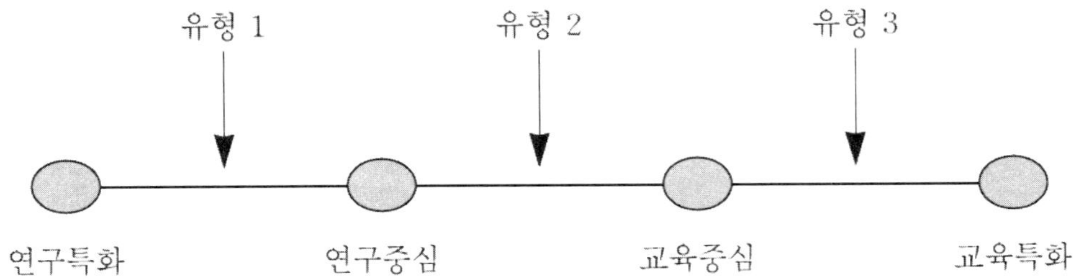

자료: 최희선(2007)

<그림 Ⅳ-2> 대학 특성화와 산학협력 인력양성 유형의 관계

글로벌 혁신형(유형 1)의 대학은 일류 연구중심대학에 해당되고, 국가 혁신형(유형 2)의 대학은 대부분의 일반대학 즉, 연구와 교육을 병행하는 대부분의 일반대학이 해당된다고 할 수 있다. 지역 혁신형(유형 3)에 속하는 대학은 교육의 비중이 높은 교육중심대학이다. 연구특화, 연구중심(mainlyresearch + selective teaching), 교육중심(seldom research + mass teaching), 교육특화 등 네 개 유형으로의 분화는 대학재정 조달에서 등록금, 정부의 지원금, 기업 및 정부로부터의 연구기금 등이 차지하는 비율을 중심으로 결정된다.

다. 산학협력 인력양성체제 구축을 위한 과제

(1) 개방화 시대의 산학협력 인력양성체제 구성 방향

산학협력 인력양성은 인력수급의 양적·질적 미스매치를 줄일 수 있는 중요한 전략이지만, 국내의 대학과 기업만을 고려해서는 더 이상 인력수급양성의 문제를 제대로 다룰 수 없다. 그리고 최근의 글로벌화 환경에서는 교육훈련 증대 못지않게 입직경로를 효율화하기 위한 다양한 정책이 필요하다. 따라서 인력수급·양성 정책은 질적 미스매치의 문제를 해결하면서, 총량적 인력수급 문제를 해결하는 방향으로 접근해야 한다.

기업과 대학 간의 산학협력 인력양성 모델을 '글로벌혁신형'(유형 1), '국가혁신형'(유형 2) 및 '지역혁신형'(유형 3) 등으로 구분하고, 각 유형의 산학협력 인력양성을 위해 중점을 두어야 할 인력정책은 <표 Ⅳ-1>과 같이 요약될 수 있다.

<표 Ⅳ-1> 산학협력 인력양성의 세가지 유형과 관련제도 및 정책

	글로벌혁신형(유형 1)	국가혁신형(유형 2)	지역혁신형(유형 3)
추진 주체	일류 대학원 글로벌 기업 국가전략산업(기업) 중앙(지방)정부	전국거점대학(대학원) 대부분의 산업(기업) 중앙(지방)정부	지역거점대학 지역기업 지방정부
산학협력 인력양성 (중점형태)	산학공동연구	산학협력 교육 및 산학공동연구	산학협력 교육
연구vs 교육	대학원 중심, 연구 중심	연구와 교육 병행	학부 교육 중심
인력양성	글로벌 고급 인재 양성을 위한 교육의 국제화	인턴십 포함 코오프 교육 맞춤형 교과과정	맞춤형 교과과정 인턴십 포함코오프교육
산업과 기업	국가전략산업 및 글로벌기업	대부분의 산업 및 기업	지역혁신산업 및 기업
관련제도 및 정책	인재의 국제적 이동성 제고 해외인력 정보 유통체계 ← ← ←	→ → 공학교육인증제 코오프 교육 중개·연구기구 산업별 인적자원개발 협의체 →	→ → → → (지역별 인적자원 개발 협의체)

자료: 최희선(2007)

'글로벌혁신형'산학협력 인력양성은 주로 초국적 기업과 일류 연구중심 대학의 산학공동연구를 통하여 수행되는 비중이 높기 때문에 R&D-HRD 연계가 중심이다. 동 유형에서는 정부가 개입할 수 있는 여지가 많지 않다. 오히려 대학의 역할이 더 중요하다.

이를 위해 무엇보다 빠른 시일 내에 적어도 몇몇 대학이 세계 일류대학 수준으로 올라서야 한다. 정부는 일부 국내 일류 대학이 세계 일류대학으로 성장하기 위한 정책 환경을 조성해 주어야 한다.

또한 동 유형의 산학협력 인력양성 활성화를 위해서는 고급인력의 국제적 이동을 제고시킬 수 있는 정책이 필요하다. 동 정책의 주요 타깃은 '글로벌혁신형'의 산학협력 인력양성이지만, 모든 유형에서 동 정책의 일정한 효과를 거둘 수 있으므로 <표 Ⅳ-1>와 같이 화살표로 표시하였다.

'국가혁신형'산학협력 인력양성을 활성화하기 위해서는 정부는 장기적인 국가전략의 차원에서 룰의 설정, 거버넌스의 확립, 적절한 지원기구의 설치 등 구조적인 차원에 초점을 둔다. '국가혁신형'에는 국내의 대다수의 기업과 대다수의 대학이 해당되는 만큼 산학협력 인력양성체제는 대학 특성화의 진전과 함께 다양한 스펙트럼을 가질 것이다.

'국가혁신형' 산학협력 인력양성에서도 산학공동연구를 통한 R&D-HRD 연계의 인력양성이 진행되기는 하지만, 일반적인 코오프 교육 및 맞춤식 교과과정 운영이 중심이 된다.

코오프 교육 연구·중개기구는 중개기능뿐만 아니라 연구기능이 중요하다. 코오프 교육은 산학공동연구를 통한 R&D-HRD 연계의 인력양성과도 일정한 관련이 있기 때문에, 코오프 교육 연구·중개기구를 통한 다양한 형태의 프로그램개발이 필요하기 때문이다.

'지역혁신형' 산학협력 인력양성에서는 다음 2절에서 논의하는 맞춤식 교과과정 운영의 확대가 핵심이다. 지역혁신체제는 이제 국가혁신체제의 한 구성요소가 아니라 국가혁신을 달성하는 수단으로 인식되고 있다. 동 유형에서는 지역적 특수성을 반영한 다양한 형태의 산학협력 인력양성 전략이 개발될 필요가 있다.

(2) 맞춤식 교과과정 운영체제 정비

맞춤식 교과과정은 모든 유형에서 운영되기는 하지만, 기본적으로는 '국가혁신형' 및 '지역혁신형' 산학협력 인력양성체제에서 중요한 위치를 점한다.

맞춤식 교과과정 계약학과 등의 설치·운영은「산업교육진흥 및 산학협력촉진에 관한법률」제8조, 동 법 시행령 제7조 등에 규정되어 있다. 계약학과 등의 설치·운영은 국가, 지방자치단체 또는 산업체 등의 다양하고 특수한 인력수요에 산업 교육기관이 탄력적으로 대응할 수 있는 시스템을 갖추기 위하여 도입되었다.

맞춤식 교과과정의 운영은 산업계 일각으로부터 논의가 시작되어 현재는 이를 설치하는 기업이 급속히 증가하고 있는 추세이다. 산업체가 맞춤식 교육을 선호하는 것은 산업체가 필요로 하는 전공 실무능력을 갖춘 인력 조달에 대한 국가 차원의 해결책이 제시되지 않고 있기 때문에 결국 자체적으로 문제를 해결할 수밖에 없다는 절박감에서 나온 자구책이라는 의견도 있다(이병기, 2005).

하지만, 이러한 견해보다는 맞춤식 교과과정의 운영은 인기가 높아지고 있는 산학협력 인력양성의 한 형태로 보는 것이 타당하다. 대학 측으로 보아서도 불특정 다수의 기업과 학생들의 현장실습을 조직하는 코오프 교육보다는 이왕이면 교육이 끝나면 채용까지 보장되는 맞춤식 교육을 선호한다.

그런데 일부의 맞춤식 교육은 대학교육의 내용을 왜곡시키거나 노동시장을 교란시킬 가능성이 있다. 맞춤식 교과과정의 운영은 산업체가 수요독점적 지위에 있기 때문에 노동시장의 수요독점으로 인한 폐해를 초래할 수 있다. 편협된 분야의 교육을 받은 졸업생은 교섭력이 낮다. 해당 회사가 채용하지 않는 한 그의 지식과 숙련은 무용지물이며, 취업 후에도 다른 회사로 이직하기 힘들다는 점에서 직업이동성(job mobility)이 낮다.

또한 대학의 입장에서 보더라도 기업의 사내대학을 대신하는 협소한 분야의 훈련을 목표로 하는 맞춤식 교육은 교육적 측면에서 문제가 야기될 수 있다. 특히 대학 측에서 본다면, 기업과의 계약이 일정기간 지속적이지 않다면 타격을 받는다. 특정기업의 특정 분야에 대한 인력양성을 목표로 교과과정을 개설하고 교수요원을 채용했기 때문이다.

이러한 폐해를 줄이기 위해서 교육과학기술부에서는 기존의 학과 및 기존의 교과과정을 이용하도록 권장하고 있다. 따라서 취업률의 제고를 최우선 목표로 하는 대학과는 달리, '글로벌혁신형' 에 속하는 일류 연구중심대학은 동과정의 설치에 신중해야 한다. 맞춤식 교과과정은 일정 지역의 몇 개 대학 혹은 몇 개 기업의 컨소시엄에 의한 운영도 고려할 만하다.

(3) 코오프 교육 중개·연구기구의 설치

산업연구원의 실태조사에서도 나타났듯이, 우리나라 기업, 특히 전통 제조업 기업이 인턴십 프로그램을 운용하는 중요한 목적 중의 하나는 기업의 이미지 제고이다(신업연구원, 2006). 반면, 외국계 기업에는 인턴십이 채용의 주요 경로이다.

우리나라의 인턴십 프로그램의 운용은 아직 기업과 대학의 '산학협력을 통한 인재육성'의 단계에 이르지 못했다. 즉, 인턴십이 기업의 필요를 중심으로 운용되는 경우가 많지 않으며, 따라서 산학협력 교육의 실제적 효과를 거두지 못하고 있다. 인턴십은 우수인재 채용경로로도 제대로 작동하지 않고 있다.

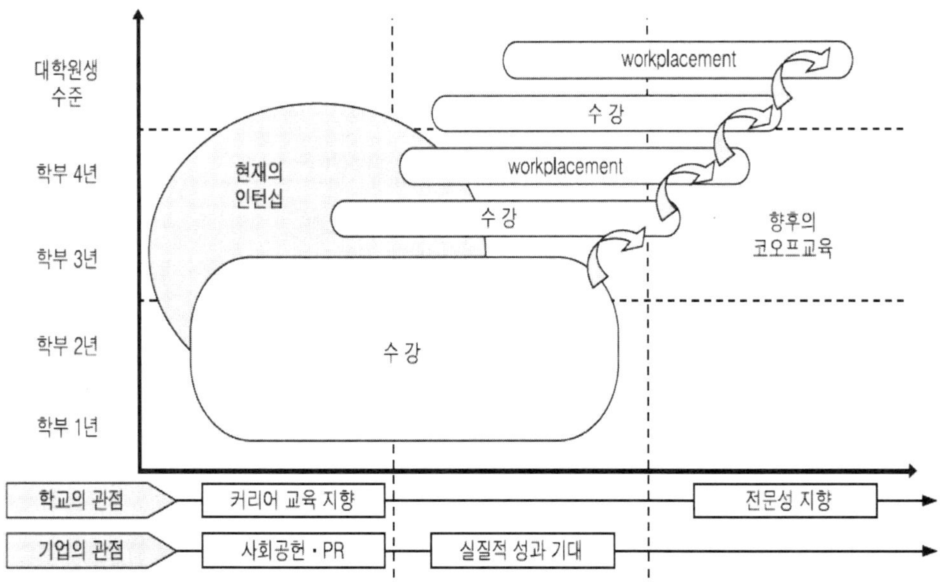

자료: 최희선(2007)

<그림 Ⅳ-3> 산학협력 인력양성의 세가지 유형과 관련제도 및 정책

<그림 Ⅳ-3>에서 보면, 일회적 체험형의 인턴십 프로그램에 머물고 있다. 인턴십의 실질적 성과를 기대하기 위해서는 전문성을 지향한 반복적 교육이 되어야 한다. 이와 같은 맹아적 단계의 인턴십이 본격적인 단계에 이르기 위해서는 이에 필요한 인프라를 구축할 필요가 있다.

코오프 교육 혹은 인턴십 활성화를 위하여 개별 대학의 역량을 높이는 한편, 일본의(산학련휴교육일본)産學連携教育日本 포럼(NPO法人WIL)과 같은 비영리기관을 설치하여 인턴십 혹은 코오프 교육 프로그램 개발 혹은 중개를 담당하게 하는 것이 바람직 할 것이다.

코오프 교육 중개·연구기구는 산학협력 교육 프로그램을 효율적으로 개발하고 연구하며 전파할 수 있다. 이러한 제도는 프로그램 개발을 위한 대학의 중복 투자를 조정·방지 할 수 있게 하며, 대학의 개별적인 노력으로는 쉽게 달성할 수 없는 '규모의 경제'를 가져다 줄 수 있다. 이 기구는 산업별 인적자원개발협의체의 지원을 받도록 한다. 앞에서 언급한 바와 같이 산업별 협의체는 기업이 중심이 되어 인적자원개발의 문제를 다루는 기관이므로, 기업은 자신이 채용한 재직자에 대한 교육에 더욱 많은 관심을 가지게 마련이다.

인턴십이 공과대학 등 일부 학과에서 대학 커리큘럼의 일부가 된다고 할 때, 인턴십을 체계적으로 추진하기 위해서는 산업계에 기초한 기구보다 대학과 밀접한 연관이 있는 기구가 적합하다. 따라서 코오프 교육의 획기적 발전을 위해서는 전담기구가 설치되어야 하고, 산업별 인적자원개발협의체 등 산업계에 기초한 조직은 산업계의 정보를 수집·분석하여 위의 기구에 체계적으로 전달하는 역할을 하는 것이 효율적이다.

2) 중소기업의 산학협력 활성화 방안

가. 기본 정책방향

우리나라 중소기업의 산학협력 실태와 추동요인, 성패요인 등을 분석한 결과, 대학과의 공동개발 등 각자의 혁신강점을 공유하는 산학협력 활동이 중소기업의 기술혁신에 긍정적 성과를 가져다주고 있으나, 개선의 여지도

적지 않은 것으로 나타났다. 사실 정부는 산학협력의 활성화·내실화를 국가·지역 혁신체제 구축의 최우선 과제로 삼고 저해요인을 꾸준히 제거해 오고 있다.

연구 결과, 산학협력의 당사자이자 최종 활용자인 중소기업 자신과 지식 공급 파트너인 대학(교수)은 물론 이를 지원하는 정부 모두 개선하여야 할 문제점을 안고 있는 것으로 나타났다.

특히, 중소기업의 경우에는 기술혁신 및 흡수 역량의 부족과 산학협력 전략 미숙이, 대학(교수)은 산학협력 의지와 현장경험의 부족이, 정부는 원활한 산학협력을 조성하기 위한 제도간 연계기반 구축 미흡이 각각 가장 큰 문제로 나타났다.

따라서 우리 중소기업과 대학이 앞으로 지향하여야 할 산학협력의 기본 방향은 자발적·유기적·수요자 중심적인 산학협력 체제를 구축하고, 이를 효율적으로 활용함으로써 중소기업의 혁신성과를 극대화하는데 두어야 할 것이다. 즉, 현재 나타난 산학협력의 제반 문제점을 해소할 수 있도록 시스템을 개선하고, 이것이 중소기업의 혁신성과에 효과적으로 연결될 수 있도록 체계적인 운용책을 강구할 필요가 있다.

향후 중소기업과 대학의 산학협력이 지향하여야 할 기본방향을 3가지로 압축하여 자세히 살펴보면 다음과 같다.

먼저, 수요자 중심의 산학협력 체계를 구축하여 산학협력의 실효성을 제고하여야 할 것이다. 그동안 우리의 산학협력은 중소기업이 내부적 필요에 의해 자발적으로 참여하기보다는 정부의 정책적 지원에 의해 대학 주도로 이루어지는 경향이 강하였고, 아직도 적지 않게 남아 있다. 그 결과, 중소기업의 기술수요를 충족시키는 실질적인 산학협력보다는 대학이 자기의 관심 분야를 연구하기 위해 정책자금을 우회 확보하는 형식적인 산학협력이 이루어지고 있다.

또한, 정부의 정책도 자금지원 시기가 연초에 집중되면서 중소기업의 다양한 시기적 수요를 못 맞추는 등 여전히 공급자 편의 위주로 이루어지고 있다. 이러한 공급자 중심의 형식적인 산학협력으로 인하여 기업과 대학 등 협력주체 사이에 존재하는 조직 문화적 차이와 갈등을 해소하는 노력이 부족하게 되어 성과 제고에 걸림돌로 작용하고 있다. 따라서 향후 효과적인 산학협력을 도모하기 위해서는 정부의 각종 기술개발사업에서 중소기업 주도의 과제를 획기적으로 확대하거나 협력주체 간의 양방향 의사소통 기회를 증대 시키는 등 중소기업 중심의 수요자 지향적인 산학협력으로 재편하여 활성화시켜야 할 것이다.

▪ 산학협력 비전 : 자발적, 유기적, 수요자 중심적 산학협력 체제 구축·운용을 통한 중소기업의 혁신성과 극대화

▪ 기본방향 : 수요자 중심의 산학협력 체계 재구축 ⇒ 정책 실효성 제고

① 중소기업의 수요특성별 맞춤식 산학정책 추진

▪ 정부주도·공급자 위주 정책 탈피

▪ 중소기업의 혁신역량 및 산학협력 수요 등에 따른 차별화된 지원체계 구축

▪ (예) 혁신기업 산학, 잠재기업 투입자원 공급, 비혁신기업 지도·자문

② 정책수요에 근거한 지원조건의 현실 부합성 제고

▪ 주관기관 : 대학 주도 ⇒ 중소기업 주도로의 전환

▪ 과제조건 : 지원기간, 지원규모, 지원절차 등의 현실화

③ 산학협력 성과 중심의 선택과 집중 지원

▪ 산학협력 성과의 평가 엄밀화

▪ 고성과(high performance) 기업·분야에의 집중 지원

▪ 기본방향 : 상호 유기적 연계지원 체제 구축 ⇒ 시너지효과 극대화

④ 기술혁신 全주기(cycle)의 원활화를 통한 선순환 구조 구축

▪ 기술개발 이외에 설비투자, 마케팅·판로확보 등도 함께 지원

▪ 특히, 개발성과의 추가개발 및 사업화 지원 강화

⑤ 산학협력 촉진 정책간 상호 연계성 강화
▪ 중앙부처간, 중앙정부·지방정부간 유사·관련 사업의 차별성·연계성 강화
▪ 국가연구개발사업 대 연구개발 기반구축사업, 특히, 참여정부의 지역혁신역량 강화 간의 연계 강화

⑥ 산학협력 수요자·공급자간 최적 연계 시스템 구축
▪ 지역 특성에 맞는 전문화된 중간 연계조직의 역량·역할 강화
▪ 종합정보망 구축: 기술 정보, 대학교수 정보, 기존 국가연구개발사업의 개발과제 정보, 중소기업 정보 등의 최신 통합정보를 실시간 제공

⑦ 중소기업의 산학협력 마인드 제고
▪ 최고경영자에 대한 산학협력 교육 강화
▪ 우수성공사례 확산, 실천적 산학협력 매뉴얼 제공 등
▪ 산학 공동연구개발투자자금의 경우 세액공제 폭 확대

⑧ 대학(교수)의 산학협력 참여유인책 제공
▪ 교육·기초연구 중심의 대학 문화를 변혁
▪ 교수업적 평가 시 '중소기업과의 산학협력 실적' 반영비율을 확대
▪ 산학협력 참여교수에 대한 보상인센티브 확대

⑨ 산학간 양방향 교류 확대(one-way ⇒ two-way)
▪ 공식·비공식 인적, 물적 교류 활성화
▪ 산학포럼, 연구교수 전담제 등 촉진제도의 실질적 활성화 유도
▪ 대학내 산학협력단의 기능·역할 강화 : 명실상부한 산학협력의 대표창구로서 역할 수행 하도록 유도

둘째, 산학협력 지원정책·제도·조직 간의 상호 유기적인 연계·협력 체제

를 구축함으로써 산학협력의 시너지효과를 극대화 하여야 할 것이다.

산학협력을 효과적으로 추진하기 위해서는 지식·신기술 공급자인 대학과 최종 수요자인 중소기업은 물론 기술금융기관, 공공지원기관, 거래기업 등이 상호 긴밀한 네트워크를 구축하여 산학협력의 추진 과정에서 서로 유기적으로 협력할 수 있도록 하여야 한다. 지식과 기술의 속성으로 인해, 즉 일회적인 시장 거래나 단순 교육·훈련만을 통해서는 이전이 곤란하며, 산학협력이 기업의 최종 성과로 실현되기까지는 신기술 창출, 상호 학습, 기술이전, 추가 개발, 상업화 등과 같은 여러 과정을 거쳐야만 되기 때문이다.

따라서 기술혁신 과정의 각 단계를 지원하는 제반 정책·제도·조직 등이 통합적 시각에서 재구조화하여 유기적 지원체제를 구축할 필요가 있다. 그 일환으로 기술거래기관, 기술가치 평가기관, 기술거래 중개기관, 기술경영 컨설팅 및 인큐베이팅 기관, 테크노파크와 창업보육센터 등 각종 산학 연계 지원기관의 역할과 기능을 재정립하고, 각자의 업무수행 역량을 고도화해야 할 것이다. 물론 이에 대한 정부의 정책적인 뒷받침이 필요하다. 특히, 대학의 보유기술을 중소기업 등의 산업체로 이전하거나 산학협력을 알선하는 역할을 수행하는 대학내 산학협력단을 비롯한 기술이전조직, 창업보육조직의 전문성을 제고시켜 지원 역량을 강화해야 할 것이다.

셋째, 산학협력의 참여주체에 대한 보다 적극적인 유인체계를 마련하여 자발적인 산학협력이 활성화되도록 상생협력 구조를 정착시켜야 할 것이다.

184 중소기업의 산학협력 실태 및 발전방안 산학협력의 주요 문제점으로서 대학과 기업 간의 상호 신뢰성 부족과 협력 인센티브의 미흡을 들 수 있다. 이는 협력과제에 대한 각 주체의 자원배분 축소와 참여의지 약화를 가져오게 되고, 이후 산학협력 성과에 대한 만족도를 낮춤으로써 산학협력이 다시 부진해지는 악순환을 유발시킬 수 있다. 이 문제는 폐쇄적인 대학의 조직문화, 대학교육의 현장성 취약, 상호교류 기회의 부족, 연구 인력의 유동성 부족, 대학교수 평가제도의 경직성 등과 같은 구조적 요인에 기인하고 있어 단기간 내에 해결이 쉽지 않은 것도 사실이다.

그러나 대학(교수)이 산학협력 활동을 적극적으로 수행하기 위해서는 산학협력에 참여하는 대학교수가 인사·업적 평가나 보상에 있어서 적어도 불이익은 받지 않도록 대학의 인사제도와 각종 규정이 보완되어야 할 것이다.

특히, 대학교수에 대한 평가기준으로서 학술연구실적뿐만 아니라 산학협력을 통해 국민경제 또는 지역경제에 대한 기여한 성과도 합당하게 반영되는 것이 필요하다. 또한, 최근 특허 등 지적재산권의 경제적, 전략적 가치가 크게 증대되고 있는 가운데 산학협력 활동으로부터 산출된 특허 등 지적재산권의 소유 및 활용 권한을 산학 간에 그리고 연구자와 소속기관 간에 어떻게 배분할 것인가에 대한 법적, 제도적 장치가 미흡한 편인 바, 관련규정이 합리적으로 정비될 필요가 있다. 한편, 산학협력 참여 중소기업의 경우에도 독자 개발에 비해 대학과의 공동 기술개발이 유용한 전략이 될 수 있도록 정부 정책의 지원조건을 업계의 수요에 맞게 현실화할 필요가 있다.

나. 중소기업의 산학협력 실태 및 발전방안

(1) 중소기업의 수요특성별 맞춤식 산학정책 추진

대학과의 공동기술개발 등 산학협력 성과는 중소기업이 스스로 분명한 목적의식과 구체적 전략을 가지고 추진하는 경우가 소극적으로 참여하는 기업에 비해 월등히 높은 것으로 나타났다. 그러나 중소기업이 산학협력에 소극적으로 참여하는 요인으로서 정부가 지원하는 정책 자금에 손쉽게 접근할 수 있기 때문이라는 경우도 적지 않았다.

따라서 지원정책의 효과성을 높이기 위해서는 기업이 공동기술개발 등 산학협력에 대한 절박함이나 전략적 중요성을 갖고 있는가, 치밀한 개발전략과 분명한 성과목표를 갖고 있는가를 엄밀히 평가하여 선별적으로 지원하는 것이 필요하다.

그 일환으로서 산학협력에 대한 정부지원 과제를 선정함에 있어 시장 개척의 기회나 분명한 수요처가 존재하는지 여부, 기업이 전략적 동기에 의해 주도적으로 과제를 제안하는지 여부, 관련 기술 경험이나 시장 정보를 보유하고 있는지 여부를 평가항목으로 추가하거나 배점을 상향 조정하는 방안을 검토 할 수 있다.

한편, 대학이 주도하는 경우에는 자신이 보유한 우수기술을 중소기업에

이전하거나 중소기업이 경험이 없는 신규 분야의 신기술을 확보하기 위해 협력하는 것을 제외하고는 보다 엄밀한 평가를 통해 지원 여부를 결정하는 것이 바람직하다 하겠다.

(2) 정책수요에 근거한 지원조건의 현실 부합성 제고

통상 산·학·연 공동연구 형태로 추진되는 정부의 국가연구개발사업에 중소기업이 보다 주도적으로 참여하기 위해서는 국가 차원의 연구개발투자 방향설정 및 과제 발굴시 중소업계의 기술수요 등을 적극적으로 반영할 필요가 있다. 이를 위해 국가연구개발사업에 대한 조사·분석·평가와 아울러 중소기업에 대한 정기적인 기술수요조사와 기술예측을 실시, 분석하여 국가연구 개발사업의 운용에 적극 반영하여야 할 것이다.

또한, 중앙의 각 부처와 지방정부도 자체 기술개발지원사업의 운용방향을 수립하는 기획과정에서 중소기업 등 산업계의 수요를 적극 반영하는 시스템의 구축이 필요하다. 특히, 중소업계의 기술혁신 수요를 사전에 예측하고, 현재화된 산·학·연 공동개발이 성공적으로 이루어질 수 있기 위해서는 공식협력 이전 단계인 '탐색공동체', '기획공동체' 등의 활동이 활성화될 수 있도록 유도할 필요가 있다. 즉, 산업별 전문가 교류회, 이업종 교류회, 소규모 기술연구회 등을 적극 지원함으로써 중소업계의 의견이 수시로 연구개발사업의 기획에 반영될 수 있도록 하며, 개발전략이 이미 구체화된 공동개발과제는 정부지원과제로 도출될 수 있도록 하여야 할 것이다.

한편, 정부의 산학협력 지원사업 평가과정에서 중소기업의 수요 반영과 활용 정도, 애로요인 등을 지속적으로 모니터링 하여 제도 개선의 기초자료로 활용할 필요가 있다. 이번 연구 결과, 중소기업은 산학촉진정책의 문제점으로서 현실과 크게 괴리된 지원조건을 들고 있어 산학협력 과제의 특성에 따라 지원기간, 보조규모를 현실화하여야 할 것이다. 또한, 최근 정부의 정책과 사업이 성과위주, 목표위주 관리로 전환되면서 중소기업 입장에서 절차상 번거로움이 커지는 부분도 있어 이의 개선이 요구된다.

(3) 산학협력 성과 중심의 선택과 집중 지원

무한경쟁 시대에 기술혁신 속도가 가속화되면서 R&D 투자규모는 거대화되고 투자위험 또한 증대됨에 따라 개방혁신체제(open innovation)의 구축이 중요한 정책현안이 되고 있다.

실천 방안 가운데 하나가 산·학·연 공동협력의 활성화이며, 우리 정부는 이를 촉진하기 위해 투자를 크게 확대해오고 있다. 그 결과 산학협력 건수나 산학협력기업 비율이 확대되고 있는 것이 사실이나, 그 성과나 내실이 높지 않은 것으로 나타나고 있다.

현재 우리나라 대학의 연구비 지출 가운데 기업으로부터의 조달비중은 스웨덴 등 OECD 국가들에 비해 3배 가까이 높은 편인 것으로 알려지고 있다. 이는 우리나라 R&D 지원사업의 상당부분이 산학 공동연구를 전제로 지원하고 있으며, 정부지원 과제에 대해서는 민간기업의 대응투자(matching fund)가 일정 비율로 이루어지게 되어 있는데 크게 힘입은 것이다).

정부의 지원 확대에도 불구하고, 산학협력 지원정책의 실효성은 높지 않은 편이다. 세계적인 국가경쟁력 평가기관인 IMD의 국가경쟁력 비교자료에 따르면, 2006년 중 우리나라의 R&D투자 순위는 61개 비교국가 가운데 9위였으나 산학협력의 순위는 32위에 그친 데서도 알 수 있다. 이는 성과관리에 있어 체계성, 대표적 중소기업형 산학협력 사업인 중소기업청의 '산학연 공동기술개발 컨소시엄 사업'의 경우 중앙정부 50%, 지방정부 25%, 중소기업 25%를 각각 부담하도록 되어 있다

심층성, 현실성이 미흡한 데 크게 기인한다. 또한 새로운 산학 협력 시책들이 여러 부처에서 산발적으로 추진됨으로써 정책의 숫자는 많아졌으나 상호 차별성, 보완성, 연계성이 부족할 뿐만 아니라 기존 정책에 대한 적극적인 개선 노력을 약화시킨 것도 그 한 요인이다.

이에 따라 산학협력 정책 및 사업의 효과성을 높이기 위해서는 국가 차원에서 산학협력 활동의 성과지표를 개발하고 이를 체계적이고 심층적으로 관리하는 노력이 지속적으로 필요하다. 특히 산학협력의 성과 평가시 중소기업 관점에서의 의견도 적극 반영되어야 할 것이다.

(4) 기술혁신 全주기(cycle)의 원활화를 통한 선순환 구조 구축

기술혁신은 개발의 필요성을 인식하는 단계로부터 기술확보단계, 확보된 기술의 사업화 단계 등 일련의 주기를 형성하면서 이루어지게 된다. 이러한 기술혁신 주기가 원활하게 이루어질 수 있도록 각 단계별 유기적인 선순환 지원정책이 요망된다.

최근 들어 정부는 기술혁신 단계별로 다양한 정책을 도입 강화하고 있는 것이 사실이나, 정책수혜자인 중소기업의 입장에서는 아직 미흡한 것으로 판단된다.

본 연구의 실태조사 결과, 산학협력에 의한 개발성과의 사업화시 애로요인으로서 '추가적인 기술개발 필요'와 '개발기술의 사업화자금 부족'을 가장 많이 들고 있다. 이는 산학협력이 성공적으로 종료된 이후에도 추가적인 기술개발과 개발된 기술의 사업화에 있어 중소기업들이 상당한 어려움을 겪고 있음을 보여 주는 것이다. 따라서 동 문제에 대한 정부의 정책적 지원이 더욱 강화되어야 할 것으로 판단된다.

이와 함께 산학협력 성과의 성공 가능성을 제고시키기 위해서는 시장 및 기술에 대한 불확실성을 완화시킬 수 있는 정부의 조치가 필요하다. 정부가 공동개발에 의한 첨단 신기술 제품의 경우 공공구매나 신기술 보증 등의 방법으로 시장에서의 불확실성을 제거하는 조치를 검토할 수 있다. 또는 정부가 지원하는 산학협력 촉진 사업의 경우 개발기술의 최종 사용자가 될 기업이나 고객군의 의견을 과제 선정시 또는 중간 평가시 반영함으로써 산학협력의 실효성을 제고시킬 수 있을 것이다.

한편, 산학 공동개발의 본격적 착수 이전에 적절한 산학 개발 과제와 적정한 협력파트너가 발굴·도출될 수 있도록 산학협력 수행전략을 컨설팅해 줄 수 있는 창구를 마련하는 것이 필요하다 하겠다. 이러한 창구는 중소기업에 효과적인 기술혁신 전략과 산학협력 전략을 컨설팅 해주는 것부터 더 나아가 대학(교수)을 알선·연계해 주는 거점으로 발전시킬 수 있을 것이다.

(5) 산학협력 촉진 정책간 상호 연계성 강화

정부는 현재 중소기업의 산학협력 활성화를 위해 다양한 사업들을 추진하고 있으나, 이들 사업이 개별적으로 추진되면서 사업 간 상호 연계성 부족과 그로 인한 시너지효과의 창출 부족이라는 문제를 보이고 있다. 즉, 개별 사업별로는 참여기업 지원이 체계적으로 이루어질지라도 기업 전체 차원에서 볼 때는 상호 보완성과 종합적 체계성이 미흡하다는 것이다. 이번 중소기업에 대한 실태조사 결과, 산학협력체계 운영에 따른 가장 큰 문제점으로 절반에 가까운 기업들이 '산학협력사업의 연계성부족'을 들고 있다.

이를 개선하기 위해서는 중소기업의 산학협력 수요를 바탕으로 종합적인 차원에서 각 사업별, 각 부처별 영역을 유기적으로 재구조화할 필요가 있다. 중앙 부처 간에, 중앙정부·지방정부간에 유사하거나 또는 상호 관련성이 있는 사업을 중심으로 차별성과 보완성 및 연계 활용성을 강화할 필요가 있다.

아울러 소프트웨어적인 기술개발 과제를 지원하는 국가연구 개발사업과 기술개발의 하드웨어적인 기반을 조성하는 기반구축사업 간의 연계를 더욱 강화하여야 할 것이다. 참여정부 들어 지역균형발전 차원에서 지역혁신 역량강화사업들을 통해 이미 구축된 각 지역의 기술혁신 인프라가 기술개발과제 수행에 적절히 활용될 수 있도록 국가연구개발사업과 상호 긴밀한 연계성을 가질 필요가 있다.

한편, 중소기업의 기술혁신 주기가 원활하게 이루어져 산학협력이 선순환적인 구조를 정착시킬 수 있도록 단계별 지원사업 간의 연계성, 체계성을 강화하는 것과 동시에 산학 공동개발이 일회성, 형식적 사업에 그치지 않고 공고한 협력네트워크를 구축하여 실질적 협력이 이루어질 수 있도록 산학협력 사업내 지속적인 교류촉진 정책을 강화할 필요가 있다. 즉, 중소기업별 특성에 따라 공동개발, 기술지도·자문, 개발 장비 제공, 연구개발 인력훈련 등이 지속적으로 이루어질 수 있도록 지원제도를 확대 강화할 필요가 있다.

(6) 산학협력의 수요자·공급자간 최적 연계시스템 구축

정부는 그동안 지역별 기술이전 컨소시엄 지원, 대학의 창업보육센터 설립·운영 지원, 대학내 산학협력단 설립 지원 등 산학협력의 연계조직을 육성하는 정책을 시행해 왔다. 이들 정책은 연계 지원조직 수의 확대 등 양적인 성장에서는 크게 기여하였지만, 지원조직의 산학협력 알선, 기술이전, 사업화 역량 등과 같은 내실 면에서는 문제를 안고 있다.

따라서 이미 설치된 산학협력 연계조직을 지원하는 사업의 강화 또는 정비, 통합 등을 통하여 정책수요자의 니즈에 부합 할 수 있도록 연계조직의 역량을 강화시킬 필요가 있다. 각 지역별, 수행 주체별, 산업별로 산재되어 있는 연계지원기관의 재정비가 필요하다. 특히, 산학협력 체계상 문제점으로 지적되고 있는 공공부문 주도를 기업계 주도로, 수직·단순형 협력체계를 네트워크형 협력체계로 전환시키려는 노력이 필요하다. 즉, 중소기업이 필요로 하는 적합한 산학협력 파트너를 손쉽게 선정하고, 협력과정상 나타나는 문제점, 애로요인을 자연스럽게 상담할 수 있는 체제로의 전환이 필요하다.

한편, 연계지원 기능의 내실화를 위하여 세계최고 수준인 IT인프라를 적극 활용하여 기존의 off-line 위주의 협력체계에서 신속성, 반응성이 월등한 on-line도 함께 발전시킬 필요가 있다.

즉, 대학교수별 전공분야와 연구실적, 대학별 실험연구장비, 보유기술 등을 체계적으로 DB화하고, 최신 정보로 자주 갱신함으로써 산학협력의 수요자와 공급자 사이에서 최적의 실시간적인연계가 이루어질 수 있도록 지원하여야 할 것이다.

(7) 중소기업의 산학협력 마인드 제고

중소기업의 경쟁력, 특히 기술경쟁력의 핵심은 우수한 개발인력의 확보와 혁신역량 강화에 있으며, 최근 글로벌 경쟁이 격화되면서 기술경쟁력 강화의 필요성과 중요성은 더욱 커지고 있다. 그러나 중소기업의 대다수는 기술인력과 연구장비, 개발자금의 절대 부족으로 상당한 어려움을 겪고 있다. 또한, 산학협력시 필수불가결한 기술학습 또는 흡수능력 면에서도 취약하다는 약점을 지니고 있다.

외부의 혁신자원을 내 것처럼 적극 활용하는 개방적 혁신사고가 중시되고 있는 가운데 중소기업이 기술학습 및 흡수역량을 강화하고, 산학협력을 성공적으로 이끌기 위해서는 무엇보다 최고경영자의 기술혁신에 대한 비전과 전략적 의지가 중요하다.

이번 설문조사 결과에서도 중소기업의 산학협력에 있어 가장 중요한 성공요인으로서 '최고경영자의 적극적 관심과 의지'라는 응답이 가장 높게 나타난 바 있다.

또한, 중소기업이 산학협력을 통해 자사의 기술혁신을 효과적·효율적으로 수행하기 위해서는 대학의 우수 인력과 연구시설·기자재 등을 자사의 필요와 전략에 맞게 적절히 활용할 수 있도록 중소기업 최고경영자에 대한 기술경영(MOT) 교육을 강화할 필요가 있다.

특히, 산학협력에 대한 다양한 유형의 모범사례 또는 실패사례를 수집, 분석, 제공함으로써 중소기업이 산학협력의 장단점을 숙지하고 산학협력시 적절한 사례를 참고하여 효과적인 협력 전략을 수립할 수 있도록 지원할 필요가 있다.

한편, 정부는 중소기업의 산학협력을 촉진하기 위한 주요 정책사업인 산·학·연 공동기술개발 컨소시엄사업, 산학협력실 지원사업, 연구 인력·장비 공동활용기반 조성사업 등에 대한 지원 규모를 확대하여야 할 것이다. 이번 연구결과, 현행 정부의 산학협력 지원정책에서 개선하여야 할 과제로서 지원규모의 현실화 요구가 강하게 나타났듯이 개발과제의 성격에 따라 차등화하는 노력이 필요하다 하겠다.

(8) 대학(교수)의 산학협력 참여유인책 강화

중소기업이 산학협력을 통해 기술경쟁력을 제고하기 위해서는, 이번 연구에서도 나타난 바와 같이, 협력파트너이자 지식공급자인 대학(교수)의 능력과 참여의지가 매우 중요함에 따라 역량 있는 대학(교수)의 자발적 참여를 적극 유도할 필요가 있다.

산학 공동 기술개발을 수행하는 데 있어 주도적 역할을 수행하는 쪽이 대학(교수)이기 때문이다.

그런데, 현재 대학교수는 연구, 교육, 봉사의 순서로 평가받고 있기 때문에 봉사의 하나인 산학협력에 참여할 유인이 매우 낮은 편이다. 따라서 대학(교수)이 중소기업과의 산학협력에 적극 나서도록 하기 위해서는 무엇보다 중소기업과의 산학협력에 참여하는 교수에 대한 연구평가나 실적보상에서 적어도 불이익이 돌아가지 않도록 대학 차원의 제도를 재정비하는 것이 필요 하다. 즉, 교육·연구 중심의 대학문화를 변화시키는 한편, 산학 협력에 참여하는 교수들에 대한 평가방식의 개선, 인센티브 강화가 요구된다. 보다 구체적으로는 교수평가 방식에서 산학협력 실적을 주요 평가항목으로 포함시킬 필요가 있으며, 교육부의 대학평가시 산학협력 성과에 대한 평가비중을 높이는 것도 산학협력에 대한 대학과 교수의 참여유인을 제고시키는 한 방안이 될 수 있다.

특히, 산학협력에 대한 대학(교수)의 적극적인 자발적 참여를 유도하기 위해서는 참여교수에 대한 직접적 인센티브를 강화할 필요가 있다. 산학협력 과제 수행에 따른 연구활동비의 경우 인건비의 한자리 수에 그치는 것에 불과해, 이는 중소기업과의 공동기술개발에 참여하는 유인으로 작동하지 못하고 있다. 따라서 앞으로는 산학협력 과제 추진에 따른 연구활동비의 비중을 보다 높임으로써 산학협력 참여 교수들에게 실질적인 인센티브가

되도록 할 필요가 있다.

(9) 산학간 양방향 교류 촉진

산학협력, 특히 산학 공동 기술개발이 내실 있게 활성화되기 위해서는 지식의 하나인 기술의 특성상 중소기업과 대학 간의 공식·비공식적인 인적·물적 교류가 활발하게 이루어져야 한다.

이를 위해 정부는 산학 포럼, 기술교류회, 세미나, 전시회 등을 통해 중소기업과 대학과의 만남의 기회를 확대하며, 정보교류와 협력의 장을 확대하도록 지원할 필요가 있다.

또한, 산학협력의 경험과 성과가 높은 교수를 산학협력 전담 교수로 지정하거나 안식년 제도를 활용하여 연구실적에 대한 부담을 완화하고, 산학협력 활동에 전념하도록 배려하여 중소기업의 기술개발에 더욱 기여하도록 하는 방안도 검토해볼 필요가 있다.

산학간 실질적 교류를 위해 산·학 연계교육을 확대, 활성화하는 것이 필

요하다. 대학은 중소기업의 기술인력을 재교육 시키는 프로그램을 개발하고, 중소기업의 필요에 부응할 수 있는 교육·훈련프로그램을 마련하여 제공한다면 산학협력의 활성화뿐만 아니라 산학 간 상생할 수 있는 방안이 될 수 있기 때문이다.

한편, 산학협력의 연계지원조직이자 대학내 對기업서비스 전담창구로서의 역할을 수행하고 있는 산학협력단의 기능과 역할을 강화할 필요가 있다. 정부가 최근 수년간 대학 산학협력단의 설립과 운영 활성화를 유도해온 결과 대부분의 대학에 산학협력단이 결성되어 있으나, 아직까지 상당수의 대학은 산학협력단의 운영에 필요한 재원과 전문인력을 충분히 확보하지 못하고 있는 실정이다.

따라서 대학의 산학협력단이 산학협력의 대표창구이자 명실상부한 서비스제공기관으로 탈바꿈할 수 있도록 관련 제도를 개선하고, 지원을 강화하여야 할 것이다.

다. 교육지원방안

산학협력의 성공적인 활성화를 위해서는 우선 기업의 수요가 있는 연구를 강화하는 것이 무엇보다 필요하다. 교과운영도 상업적 활용을 염두에 둔 응용연구를 강화하는 것으로 순수한 학문적 관심보다는 기업의 수요가 있는 원천기술개발에 집중되어야 진정한 의미의 산학협력이 활성화 될 수 있을 것이다. 기업의 가치창출에 기여할 수 있는 기술을 제공하고 수요처를 적극적으로 확대해야 할 것이다.

이를 위해서는 대학 자체의 기금을 조성하여 특성화 분야를 집중 육성하고, 교수의 응용연구에 대한 과감한 인센티브제도를 시행하여 교수와 학생이 함께 상업적 가치가 높은 기술을 개발할 수 있는 환경을 제공해 주어야한다. 동시에 산학 공동연구 프로젝트에 대해서는 해당연구자에게 별도의 인센티브를 제공하여 교수들이 적극적으로 동참하도록 동기부여를 해야 할 것이다.

그리고 외부기업과의 교류를 강화하고 교직원·학생의 창업을 적극적으로 후원하여 안정적인 협력 기업군을 육성해야 할 것이다. 결국, 지역기반의 집중된 학문 분야에 대한 교육중심의 대학(local-focused-teaching)의 특징을 살려 전략을 구상해야 한다(조희재, 2005).

먼저 클러스터에 기술과 인력을 공급하는 거점대학으로써 실사구시형 엔지니어 양성 교육 프로그램을 개발하여야 하며 의공학부를 비롯한 관련 학과가 함께 동참하는 것이 무엇보다 중요하다. 그리고 산업체 상품화 기술 중심의 현장 실무교육을 실시하여야 한다.

실무중심의 교육과 더불어 산업 현장과의 교류 또한 활발히 이루어질 수 있도록 산업체와 협의하여야 할 것이다. 이것이 이루어진다면, 대학의 취업률이 향상될 뿐만 아니라 우수한 신입생을 선발하는데 크게 도움을 줄 것이다.

첫째, 교육 부문에서는 전문교육프로그램을 만들고 그 효과를 극대화할 수 있는 운영방안을 마련한다. 의료기기산업 전문 인력에게 필요한 능력은 경영혁신 및 글로벌 마케팅 능력, 의료기기 벤처창업 능력, IT 기반의 ERP, SCM, CRM 구축, 운영 활용 능력 등이다.

둘째, 연구 부문에서는 교육 효과와 실무 적용 효과를 극대화하기 위한 연구 프로그램을 만들고, 나아가 의료기기산업 전문연구센터를 설립하고 육성한다. 이를 위해 고도의 교육프로그램의 운영에 필요한 연구와 이론의 실무 적용에 필요한 연구를 산업체, 연구소, 지자체 등과 공동으로 수행한다.

셋째, 실무 부문에서는 교육과 연구의 효과를 극대화하기위한 경영 컨설팅 실습, 경영지원, 인턴쉽 등의 실무 프로그램을 운영한다.

라. 맞춤형 교육

산업계 현장에서는 기술주기가 단축되고 선점의 실효성 증대 등의 측면에서초심자보다는 실무에 직접 투입 가능한 숙련자에 대한 선호도가 높아지고 있다. 이러한 측면에서 중소기업에서 채용인력에 대한 별도의 실무교육을 실시하지 않아도 현장실무에 투입할 수 있도록 인력을 양성한다는 취지하에 여러 대학에서 중소기업맞춤형 현장기술인력 양성사업을 추진하고 있다.

특히 중소기업들이 우수한 인재를 대기업에 빼앗기지 않고 미리 확보하기 위해 대학과의 맞춤형주문식교육을 확대해 가는 등 기업경쟁력 확보에 나섰다. 대학과의 맞춤형주문식교육 확대는 지역 중견기업의 경우 급여나 대우 면에서 대기업에 비해 크게 뒤지지 않는 것이 사실이나 정작 필요로 하는 인력을 적시에 채용하지 못하는 애로 사항 때문이다.

따라서 맞춤형인력양성을 위한 주문식 교육은 지역 중소기업이 원하는 인재를 제때 공급받기 위한 제도로 대학 취업담당 부서나 구인구직기관에 의뢰해 직원을 채용하는 것 보다 맞춤형 주문식교육을 이용할 경우 기업체에서 원하는 교육과정의 운영과 현장실습을 통해 우수하고 검증된 인력을 선발할 수 있다. 즉, 대학에서는 학생들을 미리 선발해 교육을 담당하고, 기업에서는 방학기간을 활용하여 현장실습을 실시해 능력 및 인성을 검증하여 기업에게 맞는 전문가를 양성하게 된다.

맞춤형 교육이 대학에게 주는 기대효과는 체계적이고 과학적인 교육방법론의 자리매김하고 교육내용의 실무중심화를 통해 직업교육의 완성도를 제고할 수 있다는 것이다. 그리고 대학생들의 업무에 대한 이해를 높일 수 있으며 취업률을 높일 수 있고, 실무인력 양성 분위기 조성을 할 수 있을 것이다.

또 하나의 기대효과는 지역사회와 산업계는 맞춤형 교육을 통해 고용안정 효과를 얻을 수 있으며 우수한 신기술 인력의 적기 공급, OJT 비용 및 시간 비용 등 기업에게 비용절감효과를 줄 수 있다는 것이다. 그리고 산학협력을 활성화시키고 산업계의 교육 참여를 가능하게 하며, 기술 주기 단축에 대한 대응력을 높여 기업경쟁력을 확보할 수 있다. 마지막으로 대외적으로는 실무중심과 능력중심의 교육방법론의 확산으로 산학협력교육의 교육모델을 제시 할 것이다.

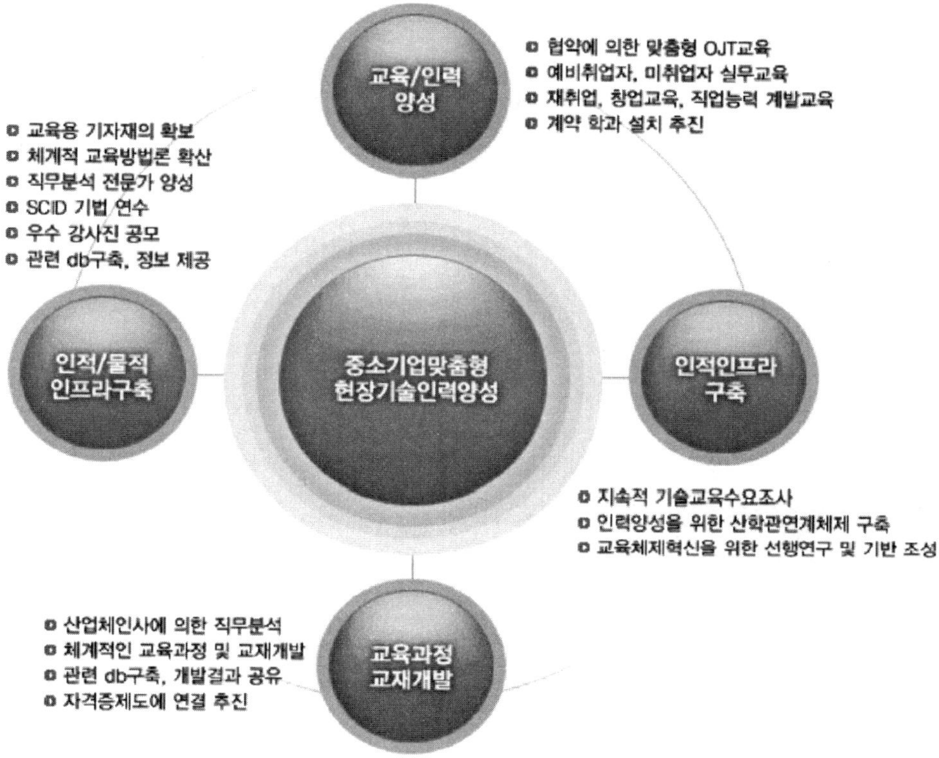

자료: 중소기업청 맞춤형 인력양성 사업단

<그림 Ⅳ-4> 맞춤형 교육

마. 클러스터 및 창업 활성화

산학협력이 성공적으로 추진되기 위해서는 대학이 집중하는 특성화 분야와 정부가 집중적으로 관리하고 지원하는 산업클러스터 사이에 전략적 적합성(strategic fit)이 존재해야 한다. 따라서 클러스터의 발전이 대학의 산학협력 활성화에 크게 기여할 수 있기 때문에 대학은 클러스터와의 전략적 적합성을 유지할 수 있도록 커뮤니케이션 채널을 항상 열어놓아야 한다. 클러스터를 활성화시키기 위해서는 클러스터의 단계에 맞는 정부의 일관성 있는 제도적 지원이 필요하다.

<그림 Ⅳ-5>에 따르면 클러스터의 발전단계는 형성기-도약기-성장기-안정 및 정착기로 구분 가능한데, 클러스터의 발전단계에 따라 사업기획 역량제고(형성기), 지역 내 네트워크 활성화(도약기), 경쟁과 협력 체계 구축(성장기), 혁신의 임계규모 확보(안정 및 정착기) 등으로 추진체계 구축의 핵심적 고려사항이 달라짐을 알 수 있다(김영수 등, 2007). 또한 중앙부처의 일관성 없는 정책 집행과 지자체내 관련 부서간의 협력 부족으로 인한 각종 비효율성을 제거하기 위해서는 '경쟁과 협력'의 원리를 실현할 수 있는 네트워크형 추진체계 구축이 필요하다.

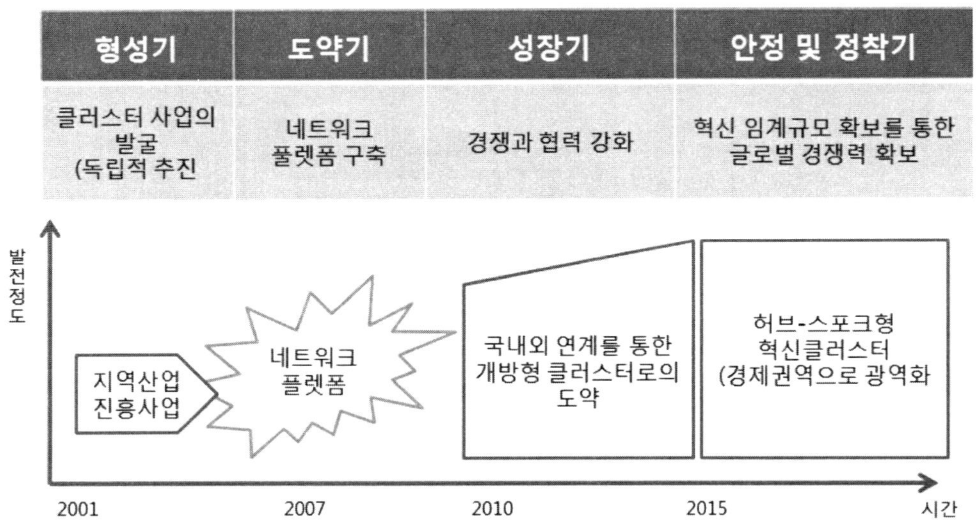

자료: 김영수 등(2007)

<그림 Ⅳ-5> 우리나라 13개 시·도의 클러스터 발전단계와 거버넌스

현재 사업별로 각각의 추진체계가 구축되어 있지만 사업간 연계 및 정보교류가 미흡한 상황이다. 산업발전 초기 단계에서는 강력한 추진력을 중시하는 계층형 체계가 선호되지만, 산업발전 도약 및 안정화 단계에서는 '상호 경쟁과 협력'의 원리를 실현할 수 있는 네트워크형 추진체계로

전환하는 것이 필요하다(김영수 등, 2007). 그러나 클러스터 활성화를 통한 지역의 경쟁력 제고는 단기적인 개별 사업으로는 해결하기 어려운 장기적인 문제이기 때문에, 클러스터 효율성의 원천인 집적경제 효과는 기능적 연계와 공간적 전파를 통해 집적이익의 공간적 외부효과를 극대화할 때 가능하다. 그러므로 클러스터가 한 단계 도약하기 위해서는 개별 클러스터의 효율적 운영과 더불어 가치사슬과 상호 보완성에 따라 클러스터간 네트워크 형성이 필요하다.

일반적으로 네트워킹의 목적은 구성 주체들이 지속적인 상호 접촉을 통하여 정보 교류 및 새로운 기술 개발 등을 이루어 나가데 있다. 그리고 산학연관 네트워크 구축에는 크게 인적 네트워킹과 온라인 네트워킹으로 접근 가능하다(박진서, 2006). 인적 네트워킹은 통합적 네트워킹 체제를 구축하여 산학연관 각 구성원이 분야별·부문별·지역별 연계 활동을 수행하는 것이다. 세미나, 워크샵 개최, 공동연구, 다양한 기업지원 활동, 연구회 구성 및 활동 등을 수행하며 이에 따른 네트워킹 활동 효과를 분석하여 네트워킹 효과를 극대활 할 수 있다.

온라인 네트워킹은 웹사이트를 구축하여 인적·물적 자원에 대한 D/B를 구축하고 산업동향 및 기술동향을 제공함으로써 기술혁신에 필요한 네트워킹을 극대화하고 산학협력에 대한 홍보활동을 수행해야 한다. 클러스터 활성화를 위한 노력과 함께 대학의 기초과학 연구에 대한 기업의 투자 확대가 필요하다. 최근 정부가 기초연구 지원 비중을 높이고 있으나 예산의 한계와 전체 연구개발 포트폴리오 수정의 어려움으로 급격한 증가는 힘든 상황이다. 따라서 대학들은 기업의 수요가 있는 분야를 특화하여 집중적으로 기업의 투자유치를 유도해야 할 것이다.

그리고 더 나아가 기업의 사회공헌 방법의 다양화 차원에서 기초연구 지원을 위한 기금 조성이나 재단설립을 유도하는 것도 산학협력 활성화를 위한 좋은 방법이라 할 수 있을 것이다. 스웨덴의 왈렌버그 재단(Wallenberg Foundation)의 경우 1917년에 설립되어 매년 1억 달러 정도를 기초 과학 분야의 연구개발에 지원하고 있으며, 생명공학, 대체연료 등 미래 유망분야에 고가의 실험장비와 연구비를 지원하고 있다.

산업 인프라가 취약하고 대학과 기업이 소수인 지역의 경우, 산학협력의 성공을 위해서는 국내외 기업을 유치하거나 핵심전략사업과 관련된 창업을 활성화시켜야한다. 중소기업 및 대학 인력의 창업은 핵심 산업과 관련된 기업군의 확대에 크게 기여 할 것이다. 그리고 지방자치단체와 중소기업청을 비롯한 정부기관이 대학의 연구·개발에 대한 투자뿐만 아니라 산학협력과 관련된 제도개편, 산업체 지원, 창업 및 보육 지원, 관련 인프라의 구축에 관한 투자 역시 함께 이루어져야 한다.

제5장 산업발전을 위한 산업관광 방안

1. 산업관광 발전방안

단계별 산업관광 발전방향 정책에 따른 내용적 측면에서 산업관광 활성화를 위한 4개 부분의 과제를 제시할 수 있다.

첫째, 산업관광의 다양한 유형과 상품의 개발

둘째, 네트워크 구축과 알선업계 지원

셋째, 산업관광의 홍보와 마케팅 체계의 구축

넷째, 공공의 기반 구축이다.

가. 산업관광의 다양한 유형과 상품의 개발

(1) 산업관광지 자체의 매력제고 사업과 인근 관광자원요소와 연계하는 사업을 추진하는 것으로 지역별 산업관광코스 개발, 기획여행 상품 개발 등이 있다.

(2) 기업 또는 생산제품을 소재로 한 스토리텔링을 발굴하는 사업으로 작가나 마케팅 전문가 등의 전문가가 참여하거나 일반인을 대상으로 공모를 추진하여 산업관광의 질적 개선을 도모한다.

(3) 산업유휴지 활용을 모색하는 방안으로 지역적 또는 환경적으로 친화시키도록 하며 소유자의 자발적 참여를 유도하거나 지자체에서 매입하여 활용하도록 한다.

(4) 산업관광 시행기업의 박물관 및 홍보관 건립 인프라 지원, 행·재정적 지원, 테마파크형 엔터테인먼트 요소 접목, 산업관광 우수상품 시상, 외국인 관광객의 가이드를 위한 책자 및 도우미 지원 등이 필요하다.

나. 산업관광 활성화를 위한 네트워크의 구축과 알선업계의 지원

(1) 산업관광 관련 정기 세미나 및 심포지움을 운영하여 산업관광에 관한 학문발전과 관심증대 효과를 도모하여, 산업관광 정보 포탈사이트를 연계 구축하여 산업관광 정보에 대한 접근성을 높인다.

(2) 산업관광 참여 기업 리스트 및 관광안내 책자를 작성하여 관광 및

기업 정보를 제공하며, 한·중·일 연계 산업관광 상품을 개발하여 경쟁 우위부분의 협력을 통한 win-win 전략 시행을 제안하도록 한다.

다. 산업관광의 홍보와 마케팅 체계의 구축

(1) 산업관광 상품을 운영하고 실적이 좋은 여행사들에 대하여 유치 실적금을 지급하는 것으로 산업관광 유치상품과 관련된 우수여행사들에 한하여 추천한다.

(2) 산업관광 마케팅 자문단을 구성 및 운영하여 산업관광을 실시하고 있는 기업체를 일정 기준에 맞추어 평가한 뒤 점수에 따라 포상을 하는 역할을 수행하고 산업관광 활성화를 위한 마케팅 전략을 수립하도록 한다.

(3) 기업의 이미지 및 제품 등을 소개할 수 있는 기념품 제공 등의 물품을 지원하는 것으로써 관련 비용을 지원하는 방식과 산업관광지를 기억할 수 있는 아이디어를 공모하는 방식이 있다.

라. 공공의 기반구축 지원

(1) 산업관광은 기존의 수학여행에서 벗어나 관광적 요소가 충분히 가미된 체험관광의 분야라는 인식을 가질 수 있도록 인식개선 프로그램을 구성하여 대상별로 강의 개최 및 홍보를 하도록 한다.

(2) '산업관광 진흥센터' 를 개설하여 산업관광에 참여하고자 하는 기업 및 지자체들에게 정보를 제공하며, 산업관광과 관련된 시범사업을 선장하여 산업관광의 활성화를 지원하도록 한다.

(3) '산업관광진흥기금' 을 별도로 조성하여 기업과 해당 지자체와 협력한 기업박물관 및 관광지 안내의 홍보 및 세미나 활동 자금으로 쓰도록 하며 산업관광 시행 우수기업에게는 조세감면의 혜택사항을 검토한다.

(4) 산업관광과 관련된 학문적 실증 연구가 진행될 수 있도록 연구 및 정보 DB 구축을 지원하며, 보안문제가 산업관광에 걸림돌이 된다는 점에서 보안기준 제정을 한 기업에게 인센티브제도 도입 안을 검토하도록 한다.

(5) 산업관광 활성화정책의 목적은

첫째, 21세기 세계적 트렌드인 사회분야 복융합 추세에 부응하여 관광과 산업을 접목시킨 산업관광 활성화를 추진한 효율성 추구정책을 펼치고자 하는 것이다.

둘째, 우리나라와 관광 분야의 주변국으로 경쟁적 위치에 있는 중국일본에 대한 경쟁대응책으로의 목적을 가지고 있다. 특히 우리나라 주변국 보다 IT, BT, CT산업 부문이 세계적으로 발전하여 있으므로 이를 보다 활용해 주변국과의 국제 관광경쟁에 우위를 점하고자 하는 것이다.

셋째, 외래 관광객 유치 증대이다. 이는 산업관광 활성화 방안의 추진을 전제로 우리나라 인바운드 시장에 새로운 성장동력으로 작동케함과 동시에 외래 관광객 유치 정책을 통한 관광분야의 활성화를 하고자 하는 것이다.

넷째, 지역경제의 활성화이다. 이는 각 지역에 분포되어 있는 산업단지의 관광화를 통하여 침체되어 있는 지역의 경제를 활성화 시키고 지역균형발전을 하는데 산업관광이 이바지 하고자 하는 것이다.

다섯째, 관광 컨텐츠 범위의 확대이다. 이는 기존의 관광이라는 분야에 축제, 음식, 유적지 및 문화재와 같은 한정된 범위에서 개발되었다면 이제는 관광 콘텐츠 강화 정책의 일환으로 새롭게 산업관련 콘텐츠를 포함시켜 범위를 확대 한다

2. 산업관광 발전전략

산업관광을 추진하는데 있어서 '수용측 시설·기업', '방문자', '기획·코디네이터'의 각 담당자의 목표를 달성하고 상호간의 메리트를 도출하기 위한 관계를 구축하는 것이 중요하다.

산업관광은 항상 대량 동원형의 관광 비즈니스모델과 직접적으로 연결되지는 않는다. 관람객이 방문하면 수용측 시설·기업의 목적을 달성 할 수 있는지, 그곳에 기획·코디네이터로서의 지자체, 지역 경제계, 관광협회, 여행사가 어떻게 연계되어 가는가를 3자간의 Win-Win 의 관계를 구축해 나가는 것이 산업관광을 지속가능한 관광의 한 형태로 추진해 가는 것이 전략의 핵심이다.

<표 V-1> 기획·코디네이터가 추구 하는 효과

기획/코디네이터	주요 내용	추구 효과
여행사	여행상품 조성(출발지형, 착지형) 주유(周遊)관광으로서의 시스템	수익
관광협회	정보 발신, 주유 플랜 제의(식사와 숙박, 그 외의 관광자원과의 조합)	관련 관광사업자로의 수익, 지역으로의 집객효과
상공회의소	산업이벤트 개최, 기업으로의 수용창구, 소개, 회의소간 교류	지역 활성화, 산지 활성화, 산지 PR
사업자간 조합	산업이벤트의 개최, 수용 창구의 통일화	산지 활성화, 산지 PR
지자체	평생학습 활동, 시민교류 활동	교류활동 촉진, 도시 촉진, 시민만족
문화교실	강좌로서의 시스템(모집대행)	수익

자료: 전북발전연구원(2010)

수용측 시설·기업의 목적·의의에 관해서는 앞에서 언급한 것처럼, 기업·제품 PR, 제작 인재육성, 지역산업의 진흥·문화관광, 리크루팅형, 관광사업 등의 5개로 대분류 된다. 수용측 기업·시설 에 있어서는 1개의 목적뿐만이 아니라, 의의와 목적 달성을 위하여 산업관광에 임하게 된다.

산업관광을 목적달성의 수단으로 하기 위해서는 어떤 내방자가 방문해

주기를 기대하는가, 타깃을 명확히 하고, 정보발신 수단, 집객방안을 검토하지 않으면 안 된다.

예상하는 방문자에 대하여 어떤 서비스를 제공하고, 어떤 매력물을 제공하여야만 만족하는가, 어떻게 하면 예상하는 방문자가 참가해주는가, 참가 프로그램과 그 정보 발신, PR방법을 정제해 가는 것이 필요하다.

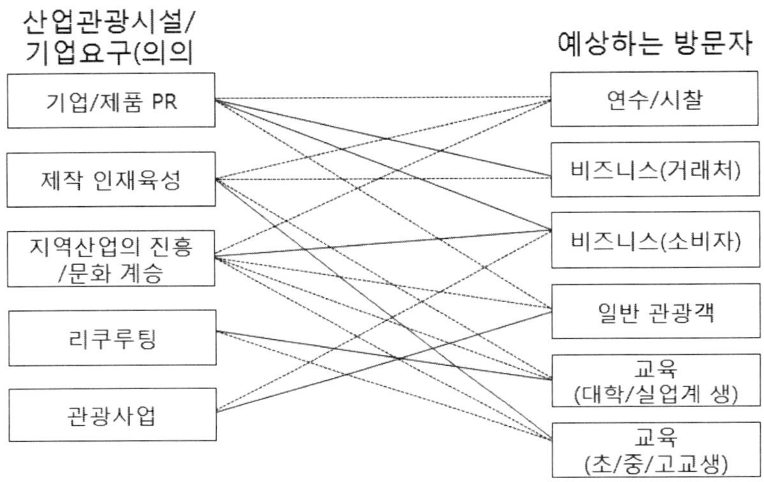

자료: 전북발전연구원(2010)

<그림 V-1> 산업관광시설과 예상 방문자

단독의 수용측 시설·기업만의 힘으로 산업관광을 추진하기에는 한계가 있으므로, 기획·코디네이터와의 관계 구축도 중요하다. 관광사업 목적이라면 여행사와의 연계 및 관광협회의 가맹을 검토해 보거나 지역산업의 진흥·문화계승이라는 목적이라면 지역경제계와 지자체와의 연계·협력을 고려해 보거나, 제작 인재육성이라면 지자체와 지역 커뮤니티와의 연계도 필요하다. 그리고 수용측으로부터의 기획 코디네이터 에 대하여 언제나 정보제공을 할 수 있는 체제를 만들어 둘 필요가 있다.

산업관광은 하나의 형태이지 않고 각각의 기업의 의의, 목적과 방문자의 목적에 의하여 판매하는 방법과 이미지 전략은 변한다. 앞에서 언급하고 있는 5가지의 산업 관광의 유형을 판매 전략과 이미지 전략을 정리하면 아래의 표와 같다.

<표 V-2> 산업관광 정보발신과 이미지 전략

유형	정보발신도구	정보발신 이미지
공장견학형	자사 홈페이지 상공단체 홈페이지 문화교실 강좌안내	어른 사회과 견학 산업시찰·연수 제작현장체험·견학
신지 진흥형	상공단체 홈페이지 관광협회 홈페이지, 팜플랫, 관광전, 언론 홍보, 지자체 홍보지	마을탐방, 신지탐방 산업축제(이벤트에 따른 정보발신)
일반관광형	일반관광정보잡지 관광협회홈페이지, 팜플렛, 관광전 자사 홈페이지	마을탐방 '즐거운 도움이 되는' 어른 사회과 견학
제작 인재 육성형	지역정보지, 지자체 홍보잡지 자사 홈페이지 상공단체 홈페이지	제작의 마음을 배움 제작 현장 체험·견학 제작문화의 계승
리쿠루팅형	취업 이벤트 취업 정보잡지 자사 홈페이지	기업 체험 생산현장 공개

자료: 전북발전연구원(2010)

가. 주요 산업관광지의 발전방안

(1) 공장견학형

本田技硏工業(株)혼다 스즈카 제작소(미에현 스즈카시) 혼다 스즈카 제작소는 기본적으로 관광목적 뿐만 아니라 학생들을 위해 견학을 주로 받아들인다(약 80%). 방문자의 목적에 응하여 대응을 하고 있다. 단체학생에 대해서는 기본적으로 전문 가이드에 의한 대응을 하고 있다. 그룹기업인 (주) 스즈카서킷랜드와의 연동에 의한 서킷을 창구로 신청하는 것도 실시하고 있다. 특히 수학여행객 유치를 통해 '놀이'와 '배움'을 보여주고 있다.

스즈카상공회의소가 중심이 되어 미에오트리사이클센터, 스즈카서킷과의 조합에 의한 산업관광투어의 기획에도 협력하고 있다.

(2) 산지진흥형 : (유)마루혼製陶所 마루혼 스리바치관

마루혼제도소는 절구의 국내 생산비율의 60%를 점하는 기업이다. 2000년 창고를 개조하여 마루혼스리바치관 개관했는데, 회사의 상품의 쇼룸으로서 바이어와의 직거래의 장으로 활용하는 이외에 직접 방문하는 일반소비자의 생생한 의견을 듣는 장이며 상품개발 마케팅의 장으로 활용하고 있다.

인기 상품인 '낫또사발'은 방문객으로 얻은 힌트로 제작된 히트 상품이며 다이렉트마케팅의 수단으로 산업관광시설이 활용되고 있다.

피아노 콘서트나 지역 이벤트에 적극적으로 참여하고 있으며, 주변의 가마탐방을 계획하는 등, 지역 브랜드 PR활동에 협력을 아끼지 않고 있다. 또한 지역 초등학교 대상의 교육 프로그램에도 공헌하고 있다.

(3) 일반관광형

일광(주)(一廣(株))타올 미술관ASAKURA (에히메현 이마바리시)타올 미술관 아사쿠라는 타올 미술관(타올 소재이외에도 다양한 아트 전시), 타올 제조과정의 실연, 타올 판매점, 에히메산 명품을 취급하는 선물가게, 고급 중화요리점, 세련된 카페 등으로 구성되어있으며 연간 30만 명이 방문한다.

'사용하는 타올'에서 '즐기는 타올'을 모토로 고부가가치가 높은 다양한 상품의 타올제품을 생산하는데 힘을 쏟고 있다. 또한 소비자에게 직접 어필함과 동시에 지역 관광거점으로 지역 활성화에도 크게 기여하고 있다.

(4) 제작 인재육성형

도요타테크노뮤지엄 산업기술기념관 (아이치현 나고야시) 도요타 그룹은 산업유산으로서 가치가 있는 건물을 이용하여 사회공헌 사업의 일환 으로 사업을 개시하였다. 미래에 젊은 인재에 대하여 연구와 창조 정신, 제작의 소중함 즐거움 등을 전달하고 싶은 것이 인재육성의 근본이다.

전시물들은 실제로 움직이는 것들이며 곁에서 보는 실제 기계의 움직임과 조작체험 등이 가능하다. 또한 기계를 실제로 조립하거나 분해하는 등, 체험 이벤트도 실시하고 있다. 초등학교 행사에는 무료입장과 안내서를 배포하는 등 미래의 인재육성에 주력하고 있다.

(5) 리크루팅형 : (주)오쿠마 (아이치현 오구치쵸)

오쿠마에서는 학생들을 대상의 공장견학을 실시하고 있다. 실업계 고등학교 학생이나 대학생들을 대상으로 공장 기계에 대한 설명을 통하여 학생들이 기계에 관심을 갖게 해주며, 미래에 오쿠마 기업에 취업을 원하는 것이 가장 큰 목적이다. 학생시절에 오쿠마를 방문한 적이 있는 신입사원은 공장견학 등을 통하여 기업의 실태를 잘 알고 있어 입사 후에도 빠른 적응력과 일에 대한 만족도가 높아 학생들을 대상으로 공장견학을 실시하는 것은 산업관광의 좋은 사례가 되고 있다.

나. 산업관광의 방향 설정

해외 사례들을 통하여 국가별 산업관광의 현황과 정책들을 확인할 수 있으며, 사례분석을 통하여 우리나라 산업관광의 방향을 설정하였다.

첫째, 국가별 역사 및 주요 산업에 따라 산업관광의 분류 및 범위가 상이하며 이는 우리나라 산업 역사 및 산업의 특징을 우선적으로 검토한 후 정책계획이 수립되어야 함을 시사하고 있다.

일본은 동아시아 지역에서 가장먼저 산업발전을 이룬 국가로서 산업관광 부문 역시 가장 체계적인 형태를 가지고 있다. 특히 공방 및 식품제조 분야 등에서 일본 특유의 장인문화가 산업관광 발전에 큰 역할을 한 것으로 보인다. 또한 구미주 지역은 산업혁명의 발상지인 만큼 산업유적지를 보유하고 있어 산업유산관광 분야와 관련된 정책이 발전되어 있다.

둘째, 해외사례 검토과정에서 중앙정부 주도로 산업관광 정책이 시행되고 있는 사례는 구체적으로 찾아 볼 수 없었으며 대체적으로 기업들의 자발적 참여 유도 및 지방자치지역의 지역경제 활성화 차원에서 이루어지고 있다.

이는 우리나라가 산업관광 활성화 정책을 효과적으로 수행하고자 할 때 중앙정부 주도의 정책보다는 기업 및 지방자치단체가 중심이 되는 것이 더 효과적인 방안이라는 것을 의미한다.

셋째, 해외 사례 중 우수사례 부분을 우리나라의 산업관광을 활성화 방안으로 적용할 수 있다는 것이다.

일본의 경우에 산업시찰은 경제산업성이 산업유산 및 장인들을 방문하는 유산관광은 국토교통성 산하 관광청이 담당하여 해당 부서가 구체적으로 구분되어 있으며, 산업관광추진협의회 구성, JNTO 홈페이지 내 지역별 산업관광지 안내도와 같은 정책은 우리나라의 상황에도 효과적으로 적용될 수 있는 부분이다. 구미주 지역의 경우 산업관광 지역에 역사성이 부여되어 있다는 부분과 중국지역의 경우 시도별로 산업관광 일일 이용권 등과 같은 기업체 방문 자유 입장권의 제도 등 효과성이 입증되어있는 정책들 역시 우리나라 산업관광 활성화 방안으로 적용해 볼만 하다.

넷째, 우리나라가 산업관광 분야에서 경쟁국들에 비해 우위를 점할 수 있는 분야를 개략적으로 나마 파악할 수 있다. 해외 사례 중 일본은 산업유산관광과 견학 및 시찰관련 관광까지 지자체별로 세분화되어 있는 상황이다. 우리나라가 산업관광에서 경쟁우위를 차지할 수 있는 세부 핵심 대상 분야를 설정하고 차별화하는 방안을 체계적이고 전략적으로 모색해야 한다.

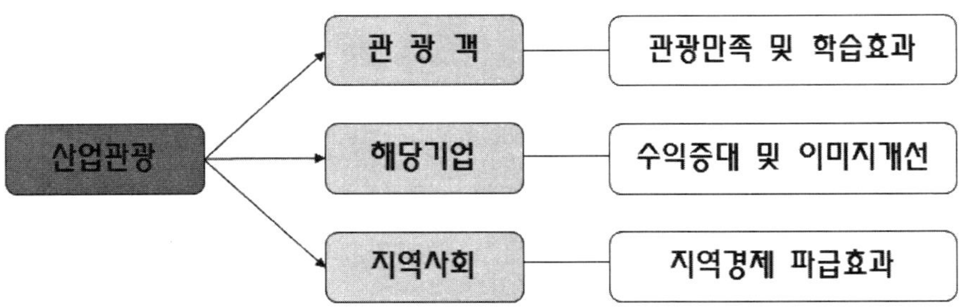

자료: 전북발전연구원(2010)

<그림 V-2> 산업관광의 세가지 차원

지역 내 산업관광자원에 대한 자원분류와 타깃마켓을 선정하는 등의 전략적 접근이 필요하다. 전라북도의 경우 산업관광의 자원은 유형의 하드

자원과 무형의 소프트자원으로 구분할 수 있으며, 2차 산업(자동차, 선박 공장)과 3차 산업(영화, 애니메이션 등)과 미래에는 바이오, 나노테크, IT, 로봇 등 첨단산업의 연구거점과 연구소의 지역집적을 살려 최신 과학기술을 접하는 등 자원의 계열화를 통한 산업관광 추구될 것이다.

둘째는 지역 내 관광자원과 산업관광의 연계를 통한 산업관광의 매력성 증가가 필하다.

셋째는 지역 내 산업관광자원 소스에 대한 이야기 발굴 및 확장·가공 등의 산업 관광스토리텔링 작업이 필요하다.

넷째는 그 지역만의 산업관광 비전제시를 통한 슬로건 개발 등의 브랜딩전략의 필요하다.

다섯째는 다양한 산업관광 활동 중 후발국가들의 테크니컬비지트(T.V) 산업관광의 목적지로 포지셔닝 할 필요가 있다.

여섯째는 지역의 산업관광을 활성화하기 위해서는 해당 업체로 선발될 경우공공기관 및 전문가로 구성된 자문단을 운영하여 산업관광객의 수용시설, 안내체계, 쇼핑시설, 편의시설, 홍보실태 등 수용태세에 대한 정비 및 정기적인 모니터링을 실시할 필요가 있다.

다. 산업관광 추진방안

(1) 산업관광의 기반 조성

산업관광의 방대성과 복합성 측면에서 또는 보완 문제 등의 한계와 문제점이 있으므로 시장의 성장 가능성과 필요성 측면에서 간과할 수 없는 시장이라는 점을 분명히 해야 한다. 따라서 이러한 인식을 정책 초기에 정책대상 주체들에게 조성하고 확산시켜야 한다.

(2) 산업관광코스의 에듀테인먼트화

지금까지 산업관광을 단순한 견학 및 시찰과 같은 개념으로 이해되어 왔으나 이제는 체험성과 엔터테인먼트적인 요소 등을 추가한 새로운 결합 모델로서 개발하는 것이 필요하다.

(3) 산업관광의 선점화

지금까지 이루어진 산업관광은 조선, 철강, 자동차 등과 같은 제조업 중심의 2차 산업이 중심으로 진행되어 왔다. 그러나 관광적 요소를 부여하고자 하는 측면에서는 3차 산업으로 확대가 필요하다.

라. 산업관광의 발전방안

첫째, 산업관광의 기반 조성이 필요하다는 것이다. 산업관광의 방대성과 복합성 측면에서 또는 보완 문제 등의 한계와 문제점이 있으므로 시장의 성장 가능성과 필요성 측면에서 간과할 수 없는 시장이라는 점을 분명히 해야 한다. 따라서 이러한 인식을 정책 초기에 정책대상 주체들에게 조성하고 확산시켜야 한다.

둘째, 산업관광코스의 에듀테인먼트화가 필요하다는 것이다. 지금까지 산업관광을 단순한 견학 및 시찰과 같은 개념으로 이해되어 왔으나 이제는 체험성과 엔터테인먼트적인 요소 등을 추가한 새로운 결합모델로서 개발해야 한다.

셋째, 산업관광의 선점을 위한 전략을 강구해야 한다는 것이다. 지금까지 이루어진 산업관광은 조선, 철강, 자동차 등과 같은 제조업 중심의 2차 산업이 중심으로 진행되어 왔다. 그러나 관광적 요소를 부여하고자 하는 측면에서는 1차, 2차, 3차 산업까지 포함해 확대해야 한다.

넷째, 산업관광진흥을 위한 지역협력체계 구축이 필요하다는 것이다. 각 시군, 관광협회, 문화사업자, 여행사, 기업체, 그리고 대학 등으로 구성된 '산업관광진흥협의회'를 구성하여 산업관광 육성을 위한 소재 발굴, 상품 개발, 홍보마케팅 지원, 전문 인력 양성 등 다각적인 노력을 할 필요가 있다.

다섯째, 산업관광지와 주변 관광자원과의 연계를 통한 관광상품을 개발해야 한다는 것이다. 웹사이트 상에 산업관광지를 중심으로 한 산업관광 코스를 게재하는 방식이다. 지방자치단체 또는 해당기업이 주체가 되어

지역주민이나 학생 등을 대상으로 한 "산업관광 코스 발굴" 공모전 등을 검토할 수 있다.

여섯째, 산업관광 스토리텔링 마케팅 육성을 하자는 것이다. 산업체를 대상으로 '기업 알리기' 또는 '기업의 숨겨진 이야기'와 같은 이름의 전국 공모가 가능하다. 본 사업에는 일정한 예산이 필요할 것이며, 공모전 이후 우수한 스토리텔링을 책자화 하여 관련 기업이나 여행사에 배포할 경우 산업관광의 질적 개선이 일어날 수 있을 것이다.

일곱째, 기업을 대상으로 산업박물관 및 홍보관 건립 지원을 강구해야 한다는 것이다. 사업 대상 기업 리스트를 수립하고, 지원부분에 대한 구체적 검토 및 계획을 마련하도록 한다.

여덟째, 산업관광 기획 여행사에 대한 인센티브 제도를 도입해야 한다는 것이다. 산업관광 상품을 운영하고 실적이 좋은 여행사들에 대하여 유치 실적금을 지급하는 것으로 현재 의료관광에서는 실적 보상제 및 지원제 또는 지방자치단체들이 시행하는 관광객 유치 및 외국인 단체관광객 유치 등에 대하여 제공되는 인센티브를 산업관광을 시행하는 여행사들을 대상을 실시하고자 하는 것이다. 산업관광 유치상품을 개발시 인센티브 지원 제도를 만들어야 한다.

아홉째, 산업관광지 안내를 담당할 전문 인재를 육성해야 한다는 것이다. 산업관광을 하고자하는 외국인 관광객을 위한 통역 인력 구축을 위해서는 관광관련 예산을 편성하고 기업체는 이에 협조하여 산업관광 통역원을 채용하도록 한다. 또한 외국인들을 대상으로 한 산업관광 안내책자를 기업체에 배치하는 것으로 이는 한국관광공사가 현재 진행하고 있는 산업관광 팜플렛 사업과 동일하게 관련예산을 편성하여 영어, 일본어, 중국어 등의 언어로 제작 및 배포 하도록 한다.

이상과 같이 산업관광 진흥방안을 추진하기 위해서는 안정적인 예산책정과 함께 지속적이면서도 적정한 정책배분이 유지되는 것이 중요한 과제로 판단된다.

참고문헌

Andersson, E., and M. Klofsten(1997), A Study of University Development in three swedish regions: A case study. A working paper of Linkoping University, Center for Innovation and Entrepreneurship (CIE): Linkoping, Sweden

BIOCOM(2004)" San Diego: Eco-System for Innovation(PDF file)," www.biocom.org. Drucker, F. Peter(2002). Managing in the Next Society, New York: ST. Martin's Press.

Brennenraedts, Reginald,, Rudi Bekkers, and Bart Verspagen(2006), The Different Channels of university-industry knowledge transfer: Empirical evidence from Biomedical Engineering, Eindhoven Centre for Innovation Studies, The Netherlands, Working paper 06.04

Feldman, M. P., I. Feller, J. L. Bercovitz, and R.M. Burton(2001), "Understanding Evolving University-Industry Relationship," in Innovation Policy in the Knowledge-based Economy, edited by M. P. Feldman and A. N. Link, Kluwer Academic Publishers, USA

GACC(2003) "Strategies to Create More Jobs for Greater Austin Region: Recruiting, arketing, Entrepreneurship and More," www.austinchamber.org.

Geisler, E. & A. H. Rubenstein(1989), "University-Industry Relations: A review of Major Issues," in Cooperative Research and Development: The Industry-University-Government Relationship, edited by A.N. Link and G. Tassey, Kluwer Academic Publishers, Boston, USA

Jones-Evans (1996), Academic Entrepreneurship, An Unpublished Working paper for a TSER project, Dublin, Ireland

Launonen, M(2002)." A Technology Powerhouse in Northern Finland,"in the Finnish Academies of Technology(ed.). High Technology Finland 2002. Helsinki: FAOT.

Link & Scott(2000)." The Growth of Research Triangle Park,"Small Business Economics.

MajorIssues.eds.,Boston,MA.:KluwerAcademicPublishers.

Malinen, P., & T.E. Toivonen (1998), University Roles in University-Industry Co-operation, Published in the proceedings of the Academic and Industrial Cooperation in Space Research, European Space Agency, November 4-6, 169-175

Mitchell, M.A Mitchell, S.J.(2000). Comsumer Experience Tourism A Powerful Tool for Food and Beverage Producers. Journal of Food Porduct Marketing, 6(3), 1-16.

OECD(2002). BenchmarkingIndustry-ScienceRelationships.

Saxenian, A(1994). A Regional Advantage: Culture and Competition in Silicon Valley and Route 128. Cambridge, MA: Harvard university Press.

Uenohara, M. & N. Starfelt(1984), "Overview of Policy Issues: Panel Report on Electronics," in University-Industry Research Interaction, edited by H.I. Fusfeld and C.S. Haklisch, Pergamon Press Inc., USA

고상동(1988). 산업관광 진흥방안에 관한 연구. 석사학위논문. 경희대학교.

국가균형발전위원회(2004), 「혁신주도형 경제도약을 위한 신산학협력」

김상태(2009). 산업관광 활성화 방안 연구, 한국문화관광연구원.

김상태(2009). 우리나라 산업관광의 미래발전방향. 한국문화관광연구원.

김영수·김선배·오형나(2008), 지역산업정책 10년의 성과와 과제

김진섭(1978). 『국민관광학』. 본국출판사

김형오(2010). 전락북도 산업관광진흥을 위한 기초연구, 전북발전연구원

김효경(2008). 산업관광이 지역브랜드자산 변화에 미치는 영향. 박사학위논문. 경기대학교.

김효경(2009). 산업관광이 지역브랜드자산 변화에 미치는 영향 : 향토 산업을 중심으로 경기대학교 일반대학원.

김효경·한범수(2008). 신관광의 관점에서 본 산업관광의 의미 해석, 제 11호 관광종합연구소 경기대학교. 박사과정

민철구(2006). 산학공동 연구개발 기반의 HRD 강화를 위한 정책지원방안. 『산학협력연구소』 87-132.

박상철(2005a). 스웨덴의혁신클러스터: 시스타사이언스시티. 국가균형발전위원회

『선진국의 혁신 클러스터』 서울: 동도원.

박상철(2005b). 핀란드의 지역 혁신 체계와 오울루 테크노폴리스. 국가균형발전위원회『 선진국의 혁신 클러스터』. 서울: 동도원.

박준경(2004), 산학협력 성과분석 및 성공사례 확산방안, 한국개발연구원.

블로그 자료, http://blog.naver.com/PostView.nhn?blogId=brandincheon&logNo=50098689792

서판길·송완흡·이상도(2005), 산학협력단 활성화 방안 연구, 교육인적자원부

송완흡(2006). 산학협력 활성화 방안 -산학협력 선순환구조 구축을 중심으로-, 한국과학기술기획평가원.

위상배(2000). 조선시대 관광의 어의 및 형태에 관한 연구. 『문화관광연구』, 2(3) : 143-172.

윤윤규·이재호(2004). 지역 산업육성과 지역 혁신체제 구축에 관한 연구. 한국기술개발연구원(편)

이병기(2005), 맞춤식교육-그러나 정도는 공학교육인증이다",「공학교육」, 제2권 제1호

이종선(2004). 지역혁신의 효시: 실리콘밸리와 루트 128. 국가균형발전위원회.『 세계의 지역혁신 체계』. 서울: 한울아카데미.

이종선(2005). 선진국의 혁신 클러스터 성공 사례와 시사점 「직업과 인력개발 2005」 한국업능력개발원.

이종선(2005). 선진국의 혁신 클러스터 성공사례와 시사점. 한국직업 능력개발원

이종선(2005a).「 미국 샌디에이고 바이오클러스터: 협력과 혁신의 리더십」. 국가균형발전위원회『 선진국의혁신클러스터』. 서울: 동도원.

이종선(2005b).「 미국 실리콘힐 IT 클러스터: 공공·민간부문의 전략적 파트너십」, 국가균형 발전위원회. 『선진국의 혁신 클러스터』. 서울: 동도원.

이종선·주용국(2005). 고등교육과 HRD중심 산학협력, 한국직업능력개발원

인천발전연구원(2009). 상하이 산업관광의 발전현황 및 대책 인차이나 브리프 제158호.

전북발전연구원(2010). 전라북도 산업관광진흥을 위한 기초 연구

정근식(2001). 중산간지역 지역활성화와 산업관광의 가능성 -미야자키현 아야정을 중심으로- 아시아 태평양지역연구 제3권 2호

정기오·민철구·박준경(2006). 산학협력 활성화를 위한 정책 방향. 산학협력연구소.

정순남(2005). 산학연 혁신 클러스터의 추진경과 및 향후 방향 산업자원부 지역산업진흥과

정지선(2005). 직업교육과 HRD중심 산학협력, 한국직업능력개발원

중소기업청 맞춤형 인력양성 사업단(서울시), http://mars.dongyang.ac.kr

최희선(2007). 개방화 시대에 부응하는 산학협력 인력양성체제 구축방안, KIET산업경제

한국문화관광연구원(2009. 12). 산업관광 활성화 방안연구. 기본연구

한국일반여행업협회. http://www.kata.or.kr

| 저자 소개 |

박 현 지

• 동명대학교 관광경영학과 교수

| 공동작업 참여업체 |

(주) 유엠지인포(조영삼)

본 과제(결과물)는 교육과학기술부 · 지식경제부의 출연금으로 수행한 산학협력중심대학육성 사업의 연구결과입니다.

This work is financially supported by the Ministry of Education, Science and Technology(MEST), the Ministry of Knowledge Economy(MKE) through the fostering project of HUNIC

정가 13,000원

산업관광

2012년 2월 20일 초판 인쇄
2012년 2월 29일 초판 발행
저　자 : 박현지 · 조영삼
발행자 : 우명찬 · 송　준
발행처 : 홍릉과학출판사
주　소 : 서울시 강북구 인수동 455-60
㉾142-885
등　록 : 1976년 10월 21일 제5-66호
전　화 : (02) 999-2274~5, 903-7037, 996-8341
팩　스 : (02) 905-6729
e-mail: hongpub@hongpub.co.kr
http://www.hongpub.co.kr
ISBN: 978-89-97570-07-2

저자와의 협의하에 인지생략